ZEITGUT

Der Igel in der Weihnachtskrippe
und andere Tiergeschichten

ZEITGUT

Originalausgabe

Der Igel in der Weihnachtskrippe und andere Tiergeschichten

Band 1

30 Zeitzeugen erinnern sich
1925–2004

Herausgegeben von Jürgen Kleindienst
& Ingrid Hantke

Zeitgut Verlag

Umschlagbild: Junge mit Foxterrier, etwa 1935.
Foto: ullstein bild.

Die im Buch veröffentlichten Abbildungen und Dokumente stammen, soweit nicht anders vermerkt, aus dem Privatbesitz der Verfasserinnen und Verfasser sowie aus folgenden Quellen: Wolfgang Absolon, Kaltenkirchen, S. 9; Soja31/pixelio.de, S. 155; Alexander Schneider, Perg, Österreich, S. 123, 125, 160, 162, 163; Archiv Zeitgut Verlag, S. 179.

Bibliografische Information Der Deutschen Bibliothek
Die Deutsche Bibliothek verzeichnet diese Publikation in der Deutschen Nationalbibliografie; detaillierte bibliografische Daten sind im Internet über http://dnb.ddb.de abrufbar.

Zeitgut Verlag GmbH
Klausenpaß 14, 12107 Berlin
Telefon 030 - 70 20 93 0, Telefax 030 - 70 20 93 22
E-Mail: info@zeitgut.de
Herausgeber: Jürgen Kleindienst & Ingrid Hantke
Gesamtredaktion und Zusammenstellung: Ingrid Hantke
Textauswahl: Ingrid Hantke, Barbara Jacob
Lektorat: Ingrid Hantke, Barbara Jacob, Helga Miesch
Druck: GGP Media GmbH, Pößneck
Printed in Germany
ISBN 978-3-86614-212-1

www.zeitgut.de

Inhalt

Das Foto zeigt Wolfgang Absolon etwa 1960 mit seinem Dackel Heidi vor der Logaer Fähre in Leer, Ostfriesland.

Unzertrennliche Freunde

Mit „Der Igel in der Weihnachtskrippe" startet der Zeitgut Verlag eine neue Erzählreihe, diesmal mit Tiergeschichten. Wie vielfältig das Leben mit Tieren sein kann, ist in diesem Sammelband nachzulesen. Es sind 39 erstmals veröffentlichte wahre Erlebnisse. Die Autorinnen und Autoren erinnern sich an Tiere als treue Gefährten, Lebensretter, Nutztiere und kleine Lieblinge. Es sind nicht ganz alltägliche Geschichten mit zahlreichen persönlichen Fotos, die diese so authentisch und liebenswert machen.

Ernstes, Heiteres und Nachdenkliches über unsere Hausgenossen erzählt dieses Buch und wird damit zur unterhaltsamen Erinnerungsreise durch das 20. Jahrhundert in Deutschland. Auch eine Geschichte aus Österreich ist dabei.

Mit Hund und Katze, den beliebtesten Hausgenossen, wird selbstverständlich auch Weihnachten gefeiert. Es ist eine wahre Freude, die treuen Begleiter der Menschen in diesem Buch zu erleben, die sich – ähnlich den Menschen – in ihren Charakterzügen, Eigentümlichkeiten und Vorlieben unterscheiden. Im Buch werden immerhin 15 Hunde- und sechs Katzengeschichten erzählt, so zum Beispiel vom eigenwilligen Dackel Heidi, vom Zirkushund Flocki und von der verliebten Katze Mia.

Aber nicht nur von ihnen wird hier berichtet. Auch von anderen Tieren, wie Fröschen, Gänsen, Hühnern und Hahn sowie Igel, Kälbchen, Kaninchen, Pferd, Reh, Schaf, Schwein, Vögeln (Dohlen, Meise, Papagei, Spatz) und auch von einer Ziege ist die Rede.

Die Erinnerungen sind von Menschen aller Altersgruppen geschrieben. Einige Erlebnisse stammen aus der Kindheit, denn Tierliebe fängt ja schon sehr früh im Leben an. Und wer hat nicht selbst im Leben ein unvergeßliches Erlebnis mit einem Tier gehabt, von dem man immer wieder gern berichtet?

So liegt hier ein Lese- und Vorlesebuch vor, das in seiner Vielseitigkeit nicht nur die gesamte Familie unterhalten und erstaunen wird, sondern auch für Senioreneinrichtungen geeignet ist. Wir wünschen Ihnen dabei viel Vergnügen!

Ingrid Hantke & Jürgen Kleindienst
Berlin, im September 2012

Übrigens: Sollten Sie selbst eine erzählenswerte Geschichte mit Tieren erlebt haben, zögern Sie nicht, sie uns einzuschicken. Vielleicht erscheint sie ja dann in einem geplanten Folgeband mit weiteren Tiergeschichten.

[Varste bei Olpe, Sauerland;
30er Jahre]

Bernadette Schnüttgen

Die Dohlenburg

Ein nächtlicher Traum hatte mich in die wunderschöne Welt meiner Kindheit und Jugend entführt. Ich erlebte noch einmal eine Zeit, in der ich so gerne mit den Großeltern zusammen war. Ihr Haus hielt ich damals für das Schönste, was es auf der Welt überhaupt geben konnte – ein sehr schmales Fachwerkhaus, das ohne Kellerräume auf ein Felsplateau gesetzt worden war. Das wiederum lag an einem alten, leeren Steinbruch. Lange schon wurde hier nicht mehr gearbeitet. Jetzt hatten Dohlen ihre Nester in den Höhlen und Gruften der Felswand gebaut, und Großvater Eustachius gönnte ihnen ihr Reich. Er war Zimmermann und Schreiner, in seinem Doppelberuf bekannt und fleißig. Seine Schreinerei muß wohl als erstes Gebäude gestanden haben, denn sie machte drei Viertel der späteren Hausfront mit der Haustür aus. Rechts vom Eingang befand sich ein Wohnraum, der auch als Küche mit Vorrats- und Abstellraum diente. Die drei großen Fenster der linken Hausfront ließen für Großvater genug Helligkeit bei seiner Arbeit mit Hobel und Säge herein. Er hatte sich vor seiner Hochzeit mit Großmutter selbst versorgt. Durch seiner Hände Arbeit entstanden auch die späteren Fachwerk-Gebäude, alle mit viel Platz rundherum.

Für mich war das Heim der Großeltern ein Himmelreich auf Erden, vor allem aber liebte ich das großes Wohnzimmer über der Schreinerei mit dem vorgebauten Söller (Erker). Seine zwei hohen Fenster mit bunten Scheiben, die in der Mitte an einem dicken Balken zusammenstießen, gaben dem Haus ein Aussehen, als hätte es eine weit herausragende Nase. Von unten wurde er von zwei starken Eichenträgern gestützt. Im Raum mit dem Söller zog sich im Halbkreis ein um eine Stufe erhöhter Fußboden bis zu den Fenstern hin. Hier hatte ein Klavier seinen Platz.

Der Söller selbst bestand aus zwei Nischen, die durch eine leichte Holzwand getrennt und über eine weitere Stufe zu erreichen waren. Auf der rechten Seite hatte die Großmutter einen Ohrensessel und ein rundes Tischchen, wo sie ihren Tee trank und die Straße ins Tal überschauen konnte. In der Nische zur linken Seite standen zwei Polsterstühle und ein Spinnrad, an dem sie immer noch fleißig die Schafschur zum Faden spann und zum Wollknäuel wickelte.

Ab und an kam auch der Großvater die steile Treppe herauf, die direkt aus seiner Schreinerei in den Wohnraum führte. Er begrüßte uns fast immer mit den Worten: „Na ihr beiden Hübschen, was gibt es Neues zu spekulieren?"

Dabei gab er der Großmutter einen Kuß auf die Stirn, guckte durch das Fenster ins Tal und ging gleich darauf zur anderen Seite, um bergan zu spähen, ob es dort vielleicht etwas Neues gab. Danach verschwand er leichtfüßig nach unten, die Treppe hinab, die an der fensterlosen rechten Innenwand in seinen Werkraum führte. An seiner Außenwand waren bis zur Balustrade gespaltene Holzscheite gestapelt.

Über diese Naturleiter kamen oft kleine Mäuse bis vor die Fenster und holten sich von dem Vogelfutter, das die Großmutter auf den breiten Fenstersimsen auslegte. Für mich war es immer ein Vergnügen, so ein kleines Tier durch die Scheibe zu betrachten: die Augen wie zwei braune Perlen, das Näschen und Mäulchen so zart und leicht rosa mit ganz feinen längeren Härchen, die immer in Bewegung waren. Aber am schönsten fand ich die kleinen Ohren, die sie in unterschiedlichen Richtungen bewegen konnten – Geschöpfe Gottes.

Im Sommer blühten immer reichlich Blumen in den Kästen auf den Brettern. In der kalten Jahreszeit schmückte Tannengrün die schmiedeeisernen Gitter, die die Fensterbretter einfaßten.

Wegen seiner originellen Bauart erkannte ich das Haus meiner Großeltern schon aus der Ferne. Kein anderes im Ort sah von weitem aus, als hätte es ein Gesicht mit langer schwarzer Nase bis hin zum First und links und rechts bunte Glasscheiben als Augen, die in die große weite Welt schauten.

Im Winter fand die heimische Vogelwelt auf den Brettern der Balustrade einen reichgefüllten Tisch. Auch zwei Dohlen gehörten immer dazu. Diese rabenähnlichen Vögel, ein Pärchen, saßen dem Großvater links und rechts auf der Schulter, sobald er um sein Haus spazierte. Die Tiere wußten genau, ob er zur Arbeit vor die Tür kam oder sich eine Ruhepause gönnte. Wenn die Pfeife im Mundwinkel steckte, kamen sie zu ihm hingeflogen, hatte er aber den Zollstock in der Hand, ließen sie ihn in Ruhe. Ich konnte diese Vertrautheit zwischen den Vögeln und einem Menschen nicht recht verstehen, bis mir der Großvater die Geschichte des Dohlenpärchens erzählte:

„Das war so: Vor einigen Jahren im Frühling, es dunkelte schon und die Großmutter war in ihrem Sessel etwas eingenickt, da wurde sie von einem Geräusch vor dem Fenster geweckt. Erschrocken kam sie an die Treppe und rief mir von oben zu: ‚Stasi komm schnell! Von draußen hat jemand ans Fenster geklopft!'

Für mich war klar, meine Lisa mußte geträumt haben. Denn draußen konnte keiner von der Erde bis an die Fenster reichen. Doch dann kam von oben wieder ihre ängstliche Stimme, nun ganz leise: ‚Hörst du es auch, Stasi? Da, wieder!'

Ich hatte nichts gehört. Aber um sie zu beruhigen, rief ich nach oben: ‚Ich gehe draußen nachsehen.'

Den Hobel legte ich zur Seite und nahm stattdessen einen Spatenstiel mit hinaus. Angst hatte ich wohl nicht, aber man kann ja nie wissen, was einen in der Dunkelheit anspringen mag. Als ich mich draußen umsah, bemerkte ich, wie sich die Blumen und Blätter im Blumenkasten bewegten. Das spärliche Licht, das von der Petroleumlampe im Innern durch die bunten Fenster nach außen kam, ließ die Bewegungen zwischen den Blumen fast geisterhaft erscheinen. Wodurch aber diese Bewegungen verursacht wurden, konnte ich von unten nicht erkennen. So ging ich hinauf in die gute Stube zu meiner Lisa, die kreidebleich in ihrem Sessel saß und an böse Geister glaubte. Ich erklärte ihr, daß etwas Lebendiges im Blumenkasten sein müßte, weshalb ich das Nischenfenster öffnen wolle. Sie war einverstanden und nahm die Leuchte, die sie weit in den Raum zurücktrug. Ich holte mir ein dunkles Handtuch, machte das rechte Fenster auf – und was erblickte ich? Anna, diese Dohle hier, lag mit gebrochenem rechten Flügel im Blumenkasten!"

Dabei nahm er Anna von seiner rechten Schulter und setzte sie in die offene Hand, wo sie sich wohlig einkuschelte, während er erzählte und seine Pfeife rauchte. Die zweite Dohle hockte wie zuvor auf seiner linker Schulter.

„Aber sie ist doch wieder gesund geworden?" fragte ich den Großvater.

„Ja, natürlich, ich habe sie gleich versorgt, ihr unter dem Flügel ein Holzstäbchen mit Verband angelegt und sie wieder zurück in den Blumenkasten gesetzt. Anschließend habe ich solch einen länglichen Drahtkorb über sie gestülpt", er zeigte auf einen Korb, der neben der Bank mit Holzspänen stand, „damit sie in der Nacht keine Flugübungen machen oder gar herunterfallen konnte. So geschützt und versorgt, hat sie die Nacht auf unserer improvisierten Vogelkrankenstation verbracht. Ein Tuch ist immer gut", erklärte er mir, und ich lauschte ihm gerne, während er weiter erzählte, „damit wird so ein Tierchen erst mal zugedeckt. Und man kann es auch nicht so schnell verletzen, das mußt du dir merken. Der Drahtkorb darüber war eine gute Idee. Er paßte wunderbar in den breiten Blumenkasten. Die Großmutter versorgte den Vogel jeden Tag vom Fenster aus, sprach mit ihm, gab ihm zu fressen und Wasser.

Eines Tages merkten wir, daß eine zweite Dohle immer mal zu dem Korb kam. Nun, die sollte nur wagen, unserer Anna etwas wegzufressen! Oma hatte unserer Rekonvaleszentin diesen Namen gegeben, auf den sie auch schnell hörte. Wir verhielten uns ganz still hinter den Fenstern und warteten ab, auf einmal sahen deine Oma und ich, wie Jakob –", hier wandte sich Großvater zu mir und bemerkte stolz: „Den Namen hat er von mir ..."

Doch weiter kam er nicht. Als die Dohle ihren Namen hörte, tänzelte sie auf Großvaters Schulter hin und her, wobei ihr Schnabel keine Sekunde mehr still blieb.

„Also", setzte Großvater trotz des Gekrächzes neu an, „wir sahen, wie Jakob versuchte, unserer Anna etwas Freßbares, einen langen Wurm, in deren provisorischen Käfig zu geben. Darüber haben deine Oma und ich uns sehr gefreut. Das hieß doch nichts anderes, als daß es Liebe sogar unter den Tieren gibt!"

Dabei streichelte er die in der Sonne so schön stahlblau glänzenden Flügel der beiden Dohlen.

Mir gefiel das Gehörte sehr: „Ach Großvater, das hast du wirklich schön erzählt."

Ich war glücklich, hatte meinen Großvater Eustachius herzlich lieb und drückte ihn ganz fest.

„Jetzt weißt du, warum die Leute im Ort zu dem schönen Blumenfenster ‚Krähennest' sagen", schmunzelte er, „und unser Haus die ‚Dohlenburg' nennen."

(Weitere **ZEITGUT**-*Beiträge dieser Autorin sind im Autorenverzeichnis am Ende des Buches vermerkt.)*

[Stockhausen-Illfurth, Oberwesterwaldkreis,
Westerwald;
1925]

Alfred Bilger

Die Frühstücksüberraschung

„Wie siehst du denn aus? Wenn du deine Dreckplätzchen bakken willst, mußt du dein Schürzchen anziehen!"

Und schon hatte ich die ungeliebte rote Schürze mit der großen Tasche vor dem Bauch, die mich damals Vierjährigen schon in meinem „Männlichkeitsverständnis" störte. Denn Schürzen trugen doch nur kleine Mädchen!

Ich warf die Blechförmchen weg. Mir war die Lust vergangen, und so verließ ich trotzig maulend meine Dreckplätzchen und stellte mich an den Zaun des Schulhofs, an dem auch mein Vaterhaus stand, denn mein Vater war der Lehrer hier. Da hörte ich das Geschepper von Eisenrädern auf der geschotterten Dorfstraße. Und siehe da, gerade rollte mein Onkel Hermann auf der Mähmaschine vorbei, der er sein Pferd Frieda vorgespannt hatte. Als er mich so offensichtlich gelangweilt sah, hielt er an und fragte, ob ich mit zum Mähen kommen wolle. Was für eine Frage, natürlich wollte ich!

Und schon saß ich auf seinem Schoß und wir ratterten der Wiese entgegen. Angekommen, wurde der Messerbalken abgesenkt und die ersten Grashalme fielen zur Seite. Aber bald schon stoppte der Onkel, weil ein Frosch der Mähmaschine in die Quere gekommen war. Kaum ein Stück weiter, begann dasselbe Spiel und wiederholte sich noch viele Male, denn ein Frosch nach dem anderen suchte vor dem ratternden Ungetüm das Weite. Es sollte aber doch keines der Tierchen durch die scharfen Messer sterben! So ging das Mähen zwar stetig, aber durch die vielen Aufenthalte nur langsam voran. Als wir endlich die letzte Runde gedreht hatten, stieg der Onkel ab und fing ein paar der aufgeschreckten kleinen Frösche. Es mögen etwa fünf gewesen sein. Die steckte er mir in die große Schürzentasche mit der Anweisung, sie mit meinen Ärmchen festzuhalten. Mein naturbegeisterter Vater würde sich sicher über den schönen Fang freuen.

Als wir gemeinsam nach Hause tuckerten, hatte ich Mühe, die Zappeltiere vor meinem Bauch unter Verschluß zu halten. Endlich am Schulhof angekommen, war gerade große

Das bin ich als Vierjähriger mit meinem Lieblingsspielzeug, dem Hoppelhäschen. Neben mir steht mein drei Jahre älterer Spielkamerad.

Pause. Ohne auf die herumtollenden Kinder zu achten, rannte ich schnell zur Hintertür des Schulhauses. Durch den vorgebauten Windfang erreichte ich die Küchentür. Vater und Mutter ließen sich gerade das zweite Frühstück schmecken, als ich unerwartet vor ihnen auftauchte.

„Was hast du denn da?“ fragte mit Blick auf meine Schürzentasche meine Mutter.

Statt einer Antwort hob ich die Arme und – schwupp, schwupp, schwupp! – sprangen die Fröschlein in hohem Bogen aus ihrem Gefängnis. Eines landete sogar auf dem Frühstückstisch. Mutter schrie, Vater sprang auf, öffnete das Küchenfenster, fing einen Frosch nach dem anderen und warf die ungeladenen Gäste in hohem Bogen auf den Rasenplatz vor unserem Garten. Dann wurde doch gelacht, und sofort war man sich einig: „Das kann nur unser Hermann gewesen sein!“

Hier sitze ich, inzwischen fünf Jahre alt, auf dem Pferd meines Großvaters. Und noch immer mußte ich die ungeliebte Schürze tragen!

[Möbisburg bei Erfurt, Thüringen;
1928/29]

Hans Döpping

Abschied von Fanny

Es war zwischen beiden Liebe auf den ersten Blick gewesen. Sie war 28, er war zwei Jahre. Und sie trug ihn geduldig auf ihrem Rücken, spürte ihn kaum. Nur ab und an, wenn sie vorsichtig, behutsam über das glatte Pflaster trat, wieherte sie leise, und glucksend verzog sie die Lippen, als könne sie lachen. Er sprach nicht mehr und nicht weniger als andere Jungen in seinem Alter. Was brauchte es auch?

Manchmal saß er neben der Stute auf der Weide, krampfte die dicken Fingerchen ins Gras, riß einige Hälmchen ab und reichte sie Fanny. Sie bog ihren Kopf, ihre Nüstern bliesen und sogen. Weich, samtweich berührte sie die Hand des Kindes, nahm nun behutsam die Hälmchen, spielte mit ihnen zwischen den Lippen, drehte sich steif um sich selbst und ließ das Futter fallen, wie man Hände nach dem Waschen abschüttelt. Da krähte er vor Vergnügen, kugelte sich vom Bauch auf den Rücken und schmeichelte: „Panny! Perdchen!"

Fanny war schon steif, so daß sie im Stehen schlafen mußte, an einen Querbaum gelehnt. Sein erster und letzter Gang des Tages aber war der in den Stall. Er sagte ihr die Liebe auf seine Weise: „Panny! Perdchen!"

Kaum konnte er auf seinen Beinen stehen, so taperte er an der Hand von Erwachsenen – drängend und vorwärts ziehend – zu der Stute: „Panny!"

Das Tier senkte nur den Kopf mit den fast blinden Augen

und schnoberte in des Jungen Haar. Das war ihrer beider Liebe.

Er wurde drei – und er wurde vier Jahre, glich das Vakuum seines Sprechvermögens aus und sagte nicht mehr „Panny! Perdchen!“ Vom Großvater hatte er gehört: „Na, meine Alte!“ Und so hatte er es übernommen. Er zog ihren Kopf samt Hals zu sich herunter, um ihr zärtlich ins Ohr zu flüstern: „Meine liebe, liebe Alte! Panny!“

Sie war nun dreißig, war noch steifer geworden, stelzte bloß noch einher. Aber sie trug ihn noch. Er hatte gelernt, eine kleine Leiter bei ihr anzustellen, und Fanny stand reglos, bis er aufgestiegen war. Dann stieß er das Holz mit dem Bein weg, ließ es fallen. Fanny stelzte wie im Traum. Er hüpfte auf ihr, ritt Rennen, sprang über Gräben, schnalzte mit der Zunge, schrie: „He!“ und „Holla!“ und „Los, zeig es ihnen, meine liebe Alte!“

Das Pferd konnte keinen Schritt mehr zulegen, aber es hatte die Geduld der Liebe. Und der Junge war so glücklich! Ein Säcklein mit Brot und Zuckersteinen trug er an seinem Gürtel mit sich umher, feuchtete das Brot an, hielt es Fanny auf flacher Hand entgegen, speichelte den Zucker ein und schob ihn ihr zwischen die Zähne. Sie kaute mit sichtlichem Genuß. Er wurde nicht müde, ihr zuzureden: „Friß nur, meine Alte, damit du bei Kräften bleibst. Wir müssen doch noch den blauen Hengst schlagen.“

Doch – er hatte schon blaue und rote Pferde gesehen – auf einem Bilde betrachtet. So hatte er denn auch „Fanny“ gemalt mit nur zwei Beinen, die sich im Sprunge strecken sollten, hatte dabei „Hei“ und „Hopp!“ gerufen. Danach hatte er das Blatt dem blinden Tier vor die Augen gehalten: „Na, bist du nicht schön, meine Alte?“

Hatte Fanny zu springen – steif in die Luft zu springen versucht?

„Ha, da strahlst du, meine Alte, sooo schön bist du!“ Und manchmal sagte er auch noch „sssööön“.

Eines Tages fuhr ein Tierauto auf den Hof. Das war nichts Außergewöhnliches für den Jungen. Das Anwesen war groß. Das Auto kam oft. „Komm!“ hatte der Großvater gesagt, „wir wollen wieder zusammen frühstücken!“

Er hatte dabei die kleine Hand genommen, sie getätschelt. Unter einer Stalltür stand der Vater und beobachtete die beiden. Doch der Junge sah es nicht. Er ging mit dem Großvater, wie er oft mit ihm frühstücken ging, um mit dem Taschenmesser zu essen. Sie saßen immer schweigend, die zwei. Nur manchmal brummte der Großvater. „Na, willst du?“

Und er hielt ihm ein aufgespießtes Stück Wurst vor den Mund. So war es auch heute. Nur zitterte die Hand des Alten. „Hast du keinen Appetit, Großvater?“

Der Junge zeigte auf den vollen, wenig berührten Teller.

Da sah der Alte den Jungen so traurig an. Und durch die guten Augen des Großvaters hindurch sah der Junge plötzlich die blinden Flecken Fannys. Er sprang auf, riß die Türklinke nach unten, stürzte auf den Hof. Da fuhr das Auto ab, verhielt noch einmal in der Ausfahrt, fuhr wieder an. Der Junge starrte auf den Kopf Fannys, der, wie zum Lauschen gehoben, über die Planken des Transporters ragte, gehoben wie im Sinnen oder in stummer Klage. „Pannyyy!“

Es war ein schluchzender Schrei nach Erbarmen. Da verschwand das Bild. Ihm aber blieb es eingebrannt. Er stand mit weiten Augen, fassungslos im Schmerz geschüttelt. Er begriff nichts von Alterskrankheiten auch bei Tieren, nichts von Seuchen und dem Unerläßlichen, in das sich die Erwachsenen zu fügen gelernt hatten. Er stand, schwang in seinem Schrei nach, bis ihn liebende Wärme aufhob. Sehr viele Jahre später wurde ihm bewußt, daß im Abschied von Fanny das schützende Tuch seiner Kindheit einen Riß bekommen hatte und seine Sehnsucht geboren war.

Fanny war das Pferd meines Onkels. Es „diente“ bereits im Ersten Welkrieg 1914–1918 und ist doch sehr alt geworden.

[Berlin-Grunewald – Caputh bei Potsdam, Brandenburg – Münsing, Bayern – Bonn, Nordrhein-Westfalen; 20er Jahre – 1962]

Fides Krause-Brewer

Ein Hund am Klavier, Gänse im Liegestuhl

Zu Tieren hatte ich immer eine besondere Beziehung. Das lag wohl daran, daß ich im Hause meiner Großeltern am Halensee eine glückliche Kindheit verbringen konnte. Mein Großvater Bernhard Dernburg war ein sehr erfolgreicher Bankier und prominenter Politiker. Er war Chef des Reichskolonialamtes, Reichsfinanz- und Reichsvizekanzler. Das erlaubte ihm, in Berlin-Grunewald ein großes Haus in einem 1400 qm großen Park zu finanzieren. 1921 zogen meine Eltern mit mir aus München, wo ich 1919 geboren wurde, in dieses große Anwesen. Da im Nachbarhaus meine Tante mit ihren drei Kindern lebte, war ich nie allein. Besonders viel Freude machten uns die zahlreichen Tiere, die in unserem Park lebten, vor allem natürlich Hunde. Da waren die zwei Schäferhündinnen Bella und Kathinka. Die versuchten wir Kinder als Zugtiere zu dressieren, als wir einen kleinen Näther-Kutschwagen geschenkt bekamen. Wir schirrten die Hunde an, setzten uns, mit einer langen Rute bewaffnet, an die wir eine Wurst gebunden hatten, auf den Kutschbock und erwarteten, das Gespann würde hinter der Wurst herlaufen. Dieser Versuch endete, wie nicht anders zu erwarten, alsbald in einer völligen Havarie – immerhin ohne Brüche, von blauen Flecken abgesehen.

Statt uns dienlich zu sein beschäftigten sich die beiden Hundedamen vor allem mit Grabearbeiten. So unterwühl-

Die große Freitreppe im Park des Hauses Dernburg.

ten sie in tagelangen Mühen unbemerkt die große Freitreppe, die zum Halensee hinunter führte, bis die schweren Betontreppenstufen zusammenbrachen.

Eines Tages bekamen Bella und Kathinka Nachwuchs von Nelly, einem kleinen sogenannten Zamperl mit gelbem Pelz, schwarzer Schnauze und einem Ringelschwanz. Meine Großmutter hatte sich das Hundebaby andrehen lassen, als ihr Auto in der Stadt eine Panne hatte, denn Reifen hielten in den Kindertagen des Autos vielfach gerade mal vom großelterlichen Haus in Berlin-Grunewald bis zur Gedächtniskirche. Bei einem solchen Aufenthalt bot man ihr aus einem Körbchen voller kleiner, pelziger Hundekinder eines zum Verkauf an. Es seien „spanische Palasthunde". Als sich die wahre Identität von Nelly herausstellte und ihr Anblick dem feinen Ansehen des Hauses sicherlich nicht zur Zierde gereichte, hatte sich das Tier aber längst in die Herzen aller Hausbewohner eingeschmeichelt.

Die nächste Hundegeneration bestand aus Lord, Tüffchen und Ginster. Lord war ein edler Airdale-Terrier, jedoch etwas behäbig. Deshalb hielten wir ihn für recht dämlich. Daß wir ihn unterschätzt hatten, sollte sich indessen bald herausstellen. Lord war innig befreundet mit meiner Dackelhündin Tüffchen. Sie stammte aus dem Weimarer Hotel „Elefant", also aus gutem Hause. Meine Mutter hatte sich in das goldgelbe Dackelkind verliebt und es mir als Reise-Mitbringsel geschenkt. Lord verdankte Tüffchen sein Leben. Als er dummerweise auf dem Eis des Halensees eingebrochen war, bellte und jammerte Tüffchen am Ufer so lange, bis jemand darauf aufmerksam wurde und Lord mit Brettern und Stangen herausgezogen werden konnte.

Wie wenig dämlich Lord war, bewies er auch, als er im Krieg einen „Gestellungsbefehl" bekam. Alle großen Hunde mußten zur Prüfung ihrer Kriegsdiensttauglichkeit vorgeführt werden. Wir fuhren also auf den Hundetrainingsplatz am Bahnhof Grunewald; schweren Herzens, weil wir wußten, daß die Tiere nur als Minenhunde vor der Front herlaufen sollten und daher sicher umkommen würden. Als der Prüfer in der Nähe von Lords Ohren einen Schuß abgab, um zu testen, ob er „schußfest" sei, tat Lord einen Riesensatz über den hohen Zaun, rollte die Böschung zum Bahnhof hinunter und wartete dort auf uns. Total „kriegsdienstuntauglich" war das hochwillkommene Verdikt.

Völlig beschämt hat uns der gute Lord, als wir ein Baby im Haus hatten und er gerade an einer offenen Wunde auf dem Rücken litt. Alle befürchteten, das könne gefährlich für das Kleinkind sein, weshalb Lord bei Freunden in Caputh untergebracht wurde. Das liegt am Schwielowsee, etwa fünfzig Kilometer von unserem Haus entfernt. Doch das treue Tier machte sich bald auf, um heimzukehren. Lord muß tagelang unterwegs gewesen sein, bis er auf der Potsdamer Chaussee ganz in unserer Nähe zusammenbrach. Eine Passantin fand ihn und lieferte ihn bei uns ab.

Der letzte in der Dernburgschen Hunde-Menagerie war Ginster, ein kleiner schwarzer Schnauzer, den meine Großmutter zum Geburtstag geschenkt bekam. Als einziger durfte er zu musealen Ehren kommen, denn er sitzt im Arm der von Slevogt portraitierten Großmutter.

Das Foto zeigt unseren Airdale-Terrier Lord.

Meine Großmutter Emma Dernburg-Seliger mit ihrem Schnauzer Ginster, 1928 gemalt von Max Slevogt.

Unser Garten bot auch Platz für allerlei anderes Getier. Da gab es die lahme Taube des Portiers und einen Hühnerstall, in Kriegszeiten angelegt. Der war aber nur von Ratten bevölkert. Sie bildeten den Lieblingszeitvertreib unseres Chauffeurs. Wenn er die Hündin Bella rief: „Bellchen, Ratzki!", stürzten beide hinunter zum Stall, wo Herr Dahlmann mit einem Tesching-Gewehr auf Jagd ging.*)

Ausflug in die Landwirtschaft

Einen Teil des Zweiten Weltkrieges und das Kriegsende überlebten wir, meine Mutter und ich, in dem bayerischen Dorf

*) aus meinem Buch „Journalistin ist man immer", Nicolai Verlag 2011.

Münsing. Mit dem Landleben hatten wir Berliner natürlich wenig Erfahrung – besonders was die Beschaffung von Nahrung anbelangte. So kauften wir zunächst einmal drei dicke Rhodeländer-Hennen. Leider glänzten sie nicht durch Legetüchtigkeit. Der Grund dafür stellte sich bald heraus. Als wir eines Tages auf unserer Terrasse saßen, begab sich folgendes: Eine dicke braune Henne marschierte vorüber, von hinten angestupst von Dackel Heidi, der sie so zu einer Vertiefung in einem Kellerfenster dirigierte, das mit alten Strohhüllen von leeren Weinflaschen ausgestopft war. Die Henne, von Heidi solchermaßen gedrängt, nahm Platz, legte ihr Ei – und Heidi verschlang es sofort. Da hatte sich unser schlauer Dackel tagelang ein Privathuhn gehalten, was an seinem glänzenden Fell zu sehen war!

Eines Tages brachte mein Mann vom Münchner Viktualienmarkt ein paar goldgelbe kleine Gänsewössel mit. Sie wuchsen bald zu zwei prächtigen schneeweißen Gänsen heran. Ihr Hauptvergnügen war ein Bad in unserem Gartenteich, wo sie mit kräftigen Flügelschlägen derart planschten, daß die ganze Terrasse von Wasser übergossen wurde. Der Höhepunkt aber war: Nach dem Bade machten sie es sich in unseren Liegestühlen bequem!

Die Gänse begleiteten uns auf unserem Weg ins Dorf und wurden zu zutraulichen Haustieren. Wie schrecklich, als sie zu Weihnachten gebraten auf dem Tisch lagen! Niemand wollte davon essen! Seither habe ich mir geschworen: Es kommt kein Tier mehr ins Haus, das eßbar ist.

Als letzten Versuch, uns ländlich zu ernähren, erwarben wir eine Ziege – der Milch wegen, die wir von ihr erwarteten. Aber unsere Melkversuche blieben erfolglos, bis uns unser bäuerlicher Nachbar aufklärte. Sie werde erst Milch geben, nachdem wir sie zum Bock geführt hätten. Da der nächste Bock aber zehn Kilometer entfernt lebte und wir nicht Lust hatten, mit einer störrischen Ziege über die Landstraßen zu ziehen, tauschten wir die Ziege gegen zwei Pfund Butter und ein Stück Speck, womit sich für uns das Märchen „Hans im Glück" bewahrheitete – und das war dann auch das Ende unseres Ausfluges in die Landwirtschaft.

Zu unserem Tierpark gehörten auch zwei schwarze Katzen. Sage niemand, Katzen wären nicht hochintelligent! Das zeigte sich zum Beispiel an folgender Episode: Kater Felix hatte sich angewöhnt, bei unserem Familienfrühstück auf der Terrasse neben meinem Stuhl zu sitzen und auf den ein oder anderen Leckerbissen zu warten. Unser Zoo hatte sich aber mittlerweile durch Bimbo, den Sohn von Dackel Heidi, vermehrt. Und natürlich reiste Bimbo mit uns nach Münsing, wenn ich meine kranke Mutter besuchte. Wie nicht anders zu erwarten, nahm nun Bimbo Felixens Lauerstellung ein und vertrieb ihn von seinem angestammten Platz.

Meine Tochter Billi mit Bimbo und einem Gänsejungen 1949 in Münsing in Oberbayern.

Wir hatten das gar nicht wahrgenommen, bis ich eines Tages dicke Tropfen in meiner Teetasse sah. Felix hatte sich auf die oberen Balken der Pergola begeben, die die Terrasse überdachte. Von dort oben pinkelte er in meine Tasse – und das jeden Tag! Felix kam von seinem Rachefeldzug erst wieder herunter, nachdem Bimbo abgereist war.

Bimbo, der Vielbegabte

1950 bekam mein Mann einen Job in Bonn, wo wir die Aufbauzeit in der arg zerzausten Stadt miterlebten. Wir waren so glücklich, in der Nähe des Bonner Bahnhofes eine Parterrewohnung mit einem kleinen Garten ergattert zu haben, und natürlich zog auch Dackel Bimbo mit ein und begann seine Karriere als schlauester Hund auf dem Bahnhofsgelände. Schon bald entdeckte er eine Nahrungsquelle ungewöhnlicher Art: Bei seinen Streifzügen durch den Bonner Bahnhof hatte er vor einem Speisewagen gestanden, als ein Kellner ihm aus dem Fenster einen Leckerbissen herunterwarf. Seither postierte sich Bimbo auf dem Perron, um auf den Speisewagen zu warten, und offenbar hatte er damit ab und zu Glück. Wenn nicht, begab er sich in die kleine Bahnhofskneipe, wo er bald Stammgast wurde, indem er die Gäste mit Männchenmachen dazu brachte, ihm täglich einen Brocken zuzuwerfen.

Eines Tages war es mit der Nahrungsbeschaffung im Bonner Bahnhofsgelände zu Ende. Es klingelte, und vor der Tür stand ein hochroter Polizist, neben ihm mit eingekniffenem Schwanz Bimbo. „Gehört dieser Dackel Ihnen?“

„Nein, der gehört meinem Mann, dem Ministerialrat Krause.“

Das machte aber bei dem Ordnungshüter keinen Eindruck. Er schimpfte: „Dieser Dackel treibt sich ständig mit seinem Freund, dem Dackel vom Café gegenüber des Bahnhofs, herum und stört damit meine Verkehrsregelung.“

Damals wurde der Verkehr noch per Hand von Polizisten dirigiert, die mit ausgestreckten Armen die Richtung wiesen. Ich müsse den Dackel einsperren, wurde mir befohlen. Sollte er noch einmal stören, werde er „eingezogen", was immer das heißen mochte. Fortan ließ ich den Dackel nicht mehr allein auf die Straße.

Bimbo machte sich dessen ungeachtet in der Stadt weiterhin bekannt, wenn auch nicht unbedingt beliebt. Hatten wir einen Laden betreten, um dort einzukaufen, hörten wir regelmäßig alsbald das Wehgeschrei der Verkäuferin, weil Bimbo ihr Pausenbrot verzehrte, das er hinter dem Ladentisch gefunden hatte.

Daß Hunde offenbar kombinieren, ja logisch denken können, mag folgende Geschichte belegen: Ich hatte eine amerikanische Freundin, die im Military Government in Frankfurt arbeitete, uns aber oft besuchte und so auch Bimbo kennen- und lieben lernte. Eines Tages hatte sie in Frankfurt eine Party arrangiert. Es gab Schweinekoteletts und Sherryreis, das einzige Gericht, das sie kochen konnte. Die beträchtliche Menge abgenagter Kotelettknochen packte sie kurzerhand in einen Karton und adressierte ihn an „Herrn Bimbo Krause-Brewer". Der Empfänger packte die Sendung aus, indem er die Schnur zerbiß. Als sich dann der Karton öffnete und die enorme Menge „wohlduftender" Knochen zum Vorschein kam, kniff Bimbo den Schwanz ein und verschwand eiligst unter unserem Doppelbett, wo man ihn nicht erwischen konnte. Was mag sich in seinem kleinen Hundehirn abgespielt haben?

Ich meine, er hat sich gedacht: Wenn die mir so eine Menge Knochen geben, dann ist was faul – da mache ich nicht mit. Nachdem wir jedoch den ominösen Karton im Küchenschrank verstaut hatten, stand er regelmäßig davor und bettelte um einen Knochen. Aber einen ganzen Haufen auf einmal? Nee – lieber nicht.

Bei meinen Kollegen von der Presse wurde Bimbo berühmt, weil er Klavier spielen konnte. Wenn man ihn aufforderte: „Bimbo, spiel doch mal Klavier!", sprang er auf den Pianistensitz und legte beide Pfoten auf die Tasten. „Musik" wurde daraus allerdings erst, wenn ich ein Stück Schokolade vor seiner Nase hin und her zog und er, der Richtung folgend, auf die Tasten drückte.

Bimbos fröhliches Stadtleben endete, als wir 1962 ein Haus auf dem Lande nahe Bonn bauten. Fast jeden Tag fuhren mein Mann und ich hinaus, um die Bauarbeiter bei ihrem

Unser Dackel Bimbo „spielt" Klavier 1965.

Fußballspiel zu stören, mit dem sie sich oft die Zeit vertrieben, statt unser Haus aufzumauern. Als es endlich fertig war und wir einzogen, weigerte sich Bimbo, aus dem Auto auszusteigen. Seine Erfahrung sagte ihm, daß wir nach kurzen Besuchen wieder nach Hause fuhren. Er glaubte einfach nicht, daß er diesmal hierbleiben sollte. Es dauerte drei Tage, bis er endlich aufgab, über Nacht im Auto zu bleiben. Danach allerdings begann er ein fröhliches Landleben

(Weitere **ZEITGUT**-*Beiträge dieser Autorin sind am Buchende vermerkt.)*

[Niedersimten, Stadtteil von Pirmasens,
am Westrand des Pfälzerwaldes;
um 1938]

Gisela Küfner

Die Katzenwäsche

„Hab ich euch schon erzählt, wie ich die Katze gebadet habe? Ich muß damals so vier oder fünf Jahre alt gewesen sein ...“

Wieder erzählte Else, meine Mutter, eine ihrer kuriosen Erinnerungen. Von keinem Menschen habe ich jemals eine Vielzahl solcher witzigen und auch noch selbst erlebten Geschichten gehört; immer kam noch eine überraschende Wendung. Und dann diese Charaktere, lauter echte Originale!

Allmählich begriff ich: Jetzt oder nie. „Halt, ich schreib mit!“ Ich sprang auf und holte Schreibzeug.

Die Sache mit der Katzenwäsche ist die Geschichte, die vielleicht am weitesten in die Kindheit von Else zurückreicht. Ihr Kommentar: „Dess war soo äni vunn de erschde Sache, die ich oogestellt hab!“

Meine Mutter wurde 1933 geboren. Diese heitere, kleine Geschichte wird sich also wohl 1937 oder 1938 ereignet haben. Hier spielte nun eine Katze der Familie eine besondere Rolle. Man muß wissen: Else hatte außerhalb der Weihnachtszeit keine Puppe. Solche guten Spielsachen wurden nämlich Ende Januar wieder auf dem Dachboden verstaut und standen somit erst zum nächsten Heiligen Abend wieder zur Verfügung. Nun, für ein pfiffiges Mädchen war das kein Problem: Die Katze mußte in das Korbwägelchen! So wurden die damaligen Puppenwagen genannt, weil ihr Oberteil ähnlich einem Korb aus Weidenzweigen geflochten war. Natürlich sollte die Katze, ganz gegen ihre Natur, auch ruhig liegenbleiben, und weil sie das anfangs nicht wollte, wurde sie eben ein bißchen gezwungen!

So schob Else in jenem Sommer, von dem hier erzählt werden soll, täglich die Katze im Wägelchen spazieren. Gut und schön, mit der Zeit wurde das aber ein bißchen langweilig. Eine Puppe wäre von einer tüchtigen Puppenmutter bei warmem Sonnenschein längst mal gebadet worden.

Aber auch dieses Problem ließ sich mit etwas gutem Willen lösen. Also flugs die Waschschüssel geholt – die Eltern waren auf dem Feld – und los ging es. Das Wasser konnte bequem an der Pumpe im Keller abgezapft werden. Kernseife befand sich auch dort, es fehlte nur noch die Katze. Das Tier war manches gewöhnt, so ertrug es auch dies: Die Mieze wurde in die schöne weiße Waschschüssel mit dem blauen Rand ins frische, kalte Naß gesetzt und ordentlich mit Wasser und Kernseife gereinigt. Freilich schüttelte sich die geplagte Katze dabei!

Das Wasser spritzte durch die Luft, es schwippte und schwappte auch aus der Schüssel und bildete Pfützen auf dem Tisch, Pfützen auf dem Boden. Aber so ist das eben bei einer wirklich gründlichen „Katzenwäsche"!

Doch damit war Else noch nicht zufrieden. Waschen allein genüge nicht, meinte sie wohl, die Haare müßten auch noch geschnitten werden!

Nun, das Fell selbst schien kurz genug zu sein. Aber der Schnurrbart, der mußte mal in Form gebracht werden!

Mit einer schnell herbeigeholten Schere bekam das patschnasse Tier noch einen flotten Schnitt des Schnurrbarts verpaßt!

Leider war anschließend kein Handtuch griffbereit, so mußte sich die triefend nasse Katze bedauerlicherweise selbst trocknen. Aber es war ja ein warmer Sommertag, da war das nicht so schlimm!

Die Erwachsenen bemerkten von der Katzenwäsche nichts. Aber der kurze Schnurrbart des Tieres fiel ihnen auf. Schnell war die Übeltäterin gefunden und eine Gardinenpredigt folgte. Else verstand: Katzen brauchen so lange Barthaare als feinste Tastorgane; ohne sie können sie sich nachts nicht sicher bewegen und auch bei Tag keine Beute machen. Das hätte ihr ja auch mal früher jemand sagen können!

Die Katze kam übrigens gut zurecht, der Schnurrbart ist sicher wieder nachgewachsen.

Aus heutiger Sicht war der Bauernhof von Elses Eltern winzig: ein bis zwei Pferde, vier Kühe und zwei Schweine, von Zeit zu Zeit mit Ferkeln, meistens ein Wachhund, das war alles. Und eben noch die eine oder andere Katze, die mitunter auch Junge hatte.

Wer schon einmal junge Kätzchen erlebt hat, weiß, wie neugierig, vergnügt und verspielt sie sind. Jedes fliegende Blatt wird verfolgt. Sie balgen und kugeln sich, sie sind immer auf Entdeckungen aus. Dennoch lebten die neugierigen, jungen Kätzchen hier nicht ungefährlich. Es gab nämlich einen Malzständer, der ein gefährlicher Spielplatz für Katzenkinder war. Dort hinein kam der Treber, der aus der Brauerei geholt wurde. Er war ein preisgünstiges Futter für die beiden Schweine und auch für die vier Kühe. Anfangs roch der Treber recht angenehm, kurz bevor er zur Neige ging, allerdings ziemlich streng.

Einmal war der Malzständer nicht wie gewöhnlich abgedeckt worden. Die Kätzchen waren auf Erkundungstour und balancierten auf dem Rand herum. Plötzlich purzelte eines in den Treberrest hinunter. Klägliches Miauen klang aus der Tiefe empor. Else spielte in der Nähe und sprang sofort herbei, um das Kätzchen zu suchen und aus seiner Not zu retten. Bald hatte sie es entdeckt und mit etwas Geschick auch aus dem Treber herausgeangelt. Am Rand hatte sich eine Brühe gebildet, so war das arme Kätzchen richtig naß und

Rechts im Bild „Katzenfriseuse“ Else mit ihren Geschwistern Hanne und Erich 1940 vor dem Forsthaus von Rödelsee in der Nähe des Schwanbergs (Unterfranken).

es roch auch gar nicht gut. Else wußte, was zu tun war: Waschschüssel und Kernseife mußten wieder herbeigeholt werden. Diesmal dachte sie sogar an ein Handtuch. Das Katzenkind wurde gebadet und mit einem blauen Handtuch abgetrocknet. Der Schnurrbart blieb diesmal dran. Der strenge Geruch wurde allerdings lediglich gemildert, vollständig verschwand er erst nach mehreren Original-Säuberungen per Zunge und Pfötchen nach Katzenart.

Aus: Gisela Küfner, „Wir sitzen unterm Hollerbusch - Kindheit und Jugend damals“, edition das andere Buch, Der andere Verlag, Uelvesbüll 2012.

[Möbisburg bei Erfurt, Thüringen; 1937/38]

Hans Döpping

Das Loch im Zaun

Es ist von Hinnerk und Gorch die Rede, von zwei guten Nachbarn. Sie wohnen direkt nebeneinander, also haben auch ihre Gärten eine gemeinsame Grenze. Beide sind Bahnbeamte und arbeiten in denselben Schichten auf einem Stellwerk. Da nun auch Hinnerks Frau und Gorchs Frau stets gute Gemeinschaft hatten, können wir von einer idealen Nachbarschaft sprechen. So selten ist das übrigens nicht, wenn jeder dem anderen die Freiheit des eigenen Kochtopfs gestattet. Wie lange schon pflegten Hinnerk und Gorch diese Harmonie? Wie oft standen sie bei den Gartenarbeiten am gemeinsamen Zaun, so gegen einen Pfosten gelehnt, ihre Probleme austauschend wegen fehlenden Regens etwa oder einer Nacktschneckenplage. Auch wurden Entwicklungen von Karotten und Porree mit oder ohne künstlichen Dünger nach Artikeln im „Gartenfreund" erörtert. Und manchmal klang ein fröhliches Gackern der Hennen Gorchs oder auch das Kikeriki des stolzen Hahnes in diese Gespräche ein. Gorch war stolz auf die italienische Rasse mit gutem Eierertrag. Hinnerk hatte keine Hühner.

Nun aber hatte der Zahn der Zeit ein Loch in den nachbarlichen Zaun genagt, groß genug, daß sich die italienischen Damen mit ihrem Galan hindurchzwängen konnten, damit man in Hinnerks Beeten die Erde bewege und seinen Nachtisch suche.

Zunächst wurde das Loch von beiden Seiten nicht entdeckt, denn hier war es ein Stachelbeerbusch, da eine Ranunkel, die es verdeckten. Aber eines Tages, Gorch war gerade von der Schicht gekommen, nahm ihn seine Frau Metha zur Seite und wies ihn unauffällig auf das Loch hin. Gleichzeit zeigte sie auch die Besuchsspuren der Damen und des Herrn von der anderen Seite.

„Hm“, Gorch nahm die Pfeife aus dem Mund und stieß damit gegen die Öffnung im Zaun. „Hm, meinst du, ich sollte es gleich zumachen?“

Metha wiegte den Kopf und zupfte an ihrer Schürze. „Das kannst du nicht ohne Hinnerk“, sagte sie. „Wenn du das heimlich reparierst und er merkt das dann, kann das einen Riß geben.“ Damit meinte sie so einen Spalt mitten in das gegenseitige Vertrauen.

Gorch nickte wieder und wieder. Er hatte das gut verstanden. „Ne, hast recht, geht nicht ohne Hinnerk. Dann könnte er mich – könnte er uns für kleinlich halten. Und wenn wir dann beim Doppelkopf sitzen ...“

Gorch machte eine Pause und dachte an die Sommerabende, da beide Ehepaare zur ruhigen Straße hin gemeinsam auf der Bank und bei selbstgekeltertem Apfelwein aus beider Gärten klönten.

„Ne – geht so nicht!“, nickte Gorch noch einmal und wiegte die Pfeife auf und ab, als überlegte er angestrengt, wie das Loch diplomatisch aus der Welt zu schaffen sei. So merkt man also, daß sowohl Gorch als auch Metha Nachbarn waren, wie man sie sich nur wünschen kann.

Ich weiß nicht, ob Sie meinen Nachbarn Knocke kennen. Er ist kein schlechter Mensch, aber wenn er in seinem Garten eine fremde italienische Dame, breithintrig scharrend so mit Rechts- und Linkswurf bei den jungen Pflanzen erwischt, dann hätte er zumindest mit einem harten Klumpen Gartenerde dem Tun ein Ende bereitet. Aufflatternd und kieksend wäre der Besuch schnell verschwunden. Und das Loch?

Knocke hätte nicht gefackelt, selbst mit lautem Handwerksgeräusch die Sache nach seinem Gutdünken zu erledigen. Nun ja, Knocke ist ja auch kein Eisenbahner, der von einem Stellwerk aus Wege in die weite Welt öffnet und seine Träume nicht selten wenigstens zweiter Klasse mit in die Ferne ziehen läßt. Knocke ist ein Mensch für geradeaus, da rumpelt und quietscht es nicht durch irgendwelche Weichen. Aber eben dafür, wie Waggons oder ganze Züge durch die Schienen mit vielen Weichen und Abzweigungen ihren Weg schleifen oder rumpeln, hatten Gorch wie auch Hinnerk das richtige Gefühl. Eisenbahner kann man nicht lernen, wenn die Seele nicht weit und offen ist von den Bergen bis zu den Meeren.

Ach ja, es muß noch gesagt werden, daß Gorch und Metha wie auch Hinnerk und seine Frau Fanny schon oft zusammen Freifahrtscheine für Bahnbedienstete benutzten zu gemeinsamen Fahrten in den Urlaub. Da gab es viel Gelächter, etwa am Strand beim gegenseitigen Eincremen gegen den Sonnenbrand. Auch waren gemütliche Raststunden neben Berghütten auf hunderten Farbfotos festgehalten und in die Alben geklebt, die an Winterabenden gemeinsam einträchtig betrachtet wurden.

Und da sollte ein – wie oben gesagt – breithintriges italienisches Huhn einen Gartenzaunkeil mitten durch die Erinnerungswelt treiben können?

Aber doch nicht bei Gorch und Metha!

Ja, Metha war es, welche die Lösung herbeiführte und bewies, daß Frauen doch die besseren Diplomaten sind. Jedenfalls hatte Frau Metha sich kundig gemacht, wie ungestempelte Eier der italienischen Rasse aussehen. Einige solche hatte sie für wenig Geld erstanden und sie Gorch in seine Gartenmütze gelegt. „Bring sie dem Hinnerk und sag ihm, daß es dir leid tut, aber diese Eier hätte ich, Metha, in unseren Himbeeren entdeckt. Und weil wir doch keine Hühner haben..."

Gorch nickte und zog die Stirn kraus. So einfach mit der Mütze in der Hand wollte er nicht zu Fanny gehen. Also wartete er, bis Hinnerk zum Zaun kam. Erst da zeigte ihm Gorch die Eierpracht und meinte: „Sind die wohl von deinen Hühnern, Hinnerk? Die lagen in den Himbeersträuchern bei mir."

Hinnerk begutachtete das Mützengelege und nickte dann. „Kann wohl sein, Gorch. Kann! Aber wie sollen die denn in deine Himbeeren kommen?" Er schüttelte den Kopf. „Nimm die mal mit zu Metha. Die kann ja ihre guten Waffeln davon backen."

„Wenn du das meinst", nickte Gorch, „aber ein Rätsel ist das doch. Nee – Eier in meinen Himbeeren!"

Und beide zogen die Schultern hoch und lachten unsicher.

Wie das nun ging?

Ganz einfach ging das. Am nächsten Tag fand Metha das Loch im Zaun geschlossen, und am Abend – die Männer hatten Frühschicht – hatte Metha die Fanny und den Hinnerk zum Waffelessen eingeladen. Dazu gab es eigene Himbeermarmelade und selbstgekelterten Apfelwein. Und dabei gingen die Gespräche bis in den weiten Himmel der kleinen Leute.

(Weitere **ZEITGUT**-*Beiträge dieses Autors sind am Buchende vermerkt.)*

[Reppen, Ostbrandenburg, heute Polen;
1926 - 1944]

Karl-Heinz Sommer

Zwei Schäferhunde namens Rolf

Als ich geboren wurde, war er bereits gut zwei Jahre alt, Rolf, der beste Freund meiner Kindheit. Er war ein prächtiger Schäferhund, stark und grau wie ein Wolf. Meine Eltern erzählten mir später, er hätte oft neben meinem Körbchen gelegen und mich bewacht und immer nur einen an mich gelassen, entweder Vater oder Mutter. Seit den ersten Tagen meines jungen Lebens nahm ich bereits den Geruch eines sauberen, gepflegten Hundes in mich auf und liebe ihn bis heute.

Größer geworden, tollte ich mit ihm durch unseren großen Garten, wälzte mich mit ihm auf dem Rasen und führte mit ihm „Ringkämpfe" aus. Als ich stärker geworden war, ließ ich ihm aus taktischen Gründen immer die Oberhand, stolz stand er dann über mir, wenn ich auf dem Rücken lag und mich ihm ergab. Im hinteren Teil unseres Gartens hatten wir eine offene Laube, in der wir beide manchmal bei Regen auf dem Boden saßen und zusahen, wie die Tropfen fielen, beziehungsweise auf das Dach trommelten. Ich kraulte sein weiches Fell, er hechelte zufrieden vor sich hin. Ich fühlte mich in einer friedlichen Atmosphäre geborgen.

Meine Eltern wohnten seinerzeit am Rande einer Kleinstadt, zirka 15 Kilometer hinter Frankfurt/Oder, Heimat, die nun auch schon lange verloren ist. Unmittelbar hinter unserem Garten begannen Felder mit Roggen, Kartoffeln, Rüben oder anderen Feldfrüchten und nicht weit entfernt der Wald:

Kiefern, Fichten und Birken. Mit acht, neun, zehn Jahren durchstreifte ich mit Rolf Feld und Wald oder fuhr mit dem Fahrrad zu dem einsamen Waldsee, der während der Woche nur uns gehörte. Wir tollten im Wasser, schwammen zur Insel oder lagen einfach nur im Gras und schauten den Wolken zu. Wir waren glücklich in dieser Einsamkeit, ich war schon damals oft ein Einzelgänger. Fischadler oder Bussarde kreisten manchmal über uns. Einmal fand ich im sumpfigen Uferbereich eine Sumpfschildkröte. Ich spielte eine Zeitlang mit ihr und ließ sie dann wieder zurück in ihr Element. Es war eine herrliche Kindheit.

Eine kleine Begebenheit am Rande, die beweist, daß ich mir ein gewisses Einfühlungsvermögen für Hunde zu eigen gemacht hatte. Mein Vater hatte mir einen Brief gegeben, um ihn einem Gärtner zu überbringen. Die Gärtnerei war

So sah mein erster Rolf aus, ein prächtiger Schäferhund, grau und stark wie ein Wolf.

Unser Haus in Reppen in Ostbrandenburg war mit einem großen Garten umgeben, in dem ich mit unserem Schäferhund Rolf schon als kleiner Junge gern umhertollte.

mit einem hohen Zaun umgeben, und auf mein Läuten sprangen zwei Schäferhunde zum Eingang, böse kläffend und zähnefletschend. Auf mein erneutes Läuten meldete sich sonst niemand. Was tun?

Mein Vater hatte mir aufgetragen, den Brief abzugeben, und was mein Vater sagte, das galt. Ich begann also mit einer weichen, einschmeichelnden Stimme auf die Hunde einzureden, ihnen Geschichten zu erzählen, die sie nicht verstanden. Was zählte, war mein Tonfall. Langsam wurden sie ruhiger und begannen nach etwa einer halben Stunde mit dem Schwanz zu wedeln. Jetzt wußte ich, ich hatte gewonnen. Ganz vorsichtig drückte ich die Klinke und öffnete die Tür einen kleinen Spalt, die Schwänze wedelten immer noch. Noch einen Spalt mehr, und dann war ich drin. Als ich am Haus, die Hunde schwänzelnd hinter mir, ankam, waren alle entsetzt und konnten nicht begreifen, wie ich ihre Wachhunde überlistet hatte.

Die Jahre vergingen, Rolf war inzwischen zwölf Jahre alt geworden. Eines Morgens konnte er nicht mehr aufstehen. Der Zufall ergab, daß zu jener Zeit, wir schrieben das Jahr 1936, die Wehrmacht in unserem Raum ein Manöver abhielt. Wir hatten auch drei Soldaten als Einquartierung. Sie boten sich an, Rolf den Gnadenschuß zu geben. Mein Vater und ich stimmten zu, alles andere wäre eine Quälerei für Rolf gewesen. Die Soldaten hoben im Garten eine Grube aus und trugen Rolf auf einer Decke hinaus. Ich lag im Haus auf meinem Bett, als der Schuß fiel, da habe ich geheult.

Es war leer im Haus ohne meinen Freund. Wenn ich aus der Schule kam, war kein Rolf mehr da, der mir entgegenkam und mich begrüßte. Ich bekniete meinen Vater, wieder einen neuen Schäferhund zu kaufen, bis er schließlich nach fast zwei Jahren nachgab und wir einen Schäferhundwelpen von zwölf Wochen ins Haus holten. Ich war glücklich und nannte ihn wieder Rolf, obwohl seine Papiere anders lauteten.

Ich hatte viel Freude mit meinem jungen Hund, trotzdem – es war anders. Inzwischen war ich zwölf Jahre alt geworden und hatte auch nicht mehr so viel Zeit. Mein Vater hatte mir schon zwei Jahre zuvor gesagt: „Jetzt bist du zehn Jahre alt, und ab jetzt wird gearbeitet." Er gab mir oft am Abend für den kommenden Tag eine Arbeit in unserem großen Garten auf.

Außerdem nahm mich vielfach an den Nachmittagen und Abenden die Hitler-Jugend in Anspruch. Mit 14 Jahren ging ich ins Internat, womit ich meinen Rolf nur noch in den Ferien zu sehen bekam. Es war im Jahr 1943 oder 1944, als ich in den Ferien nach Hause kam und den Zwinger leer vorfand. Rolf war zum Militär eingezogen worden, um als Melde- oder Sanitätshund ausgebildet zu werden. Was ist aus ihm geworden? Ich weiß es nicht.

[Saargemünd, Lothringen –
Sitterswald, Saarland;
1942 – 1944]

Hildegard Marx

Mein Freund Bello

Es war Ende 1942, und ich war elf Jahre alt, als wir aus der Stadt Saarbrücken aufs Land zogen. Wir, das waren meine Großeltern mit mir, meine Tante mit ihrer Tochter und unser Schäferhund Bello, „Bello von Lämmergarten“. Ich lebte damals bei meinen Großeltern, weil meine Mutter als Rotkreuz-Schwester an der Font war. Das kleine Dorf, in dem wir nun wohnten, heißt Sitterswald und liegt zwischen Saarbrücken und der lothringischen Stadt Saargemünd.

Bello war mein bester Kamerad. Ich liebte ihn heiß und innig; und ich glaube, diese Liebe beruhte absolut auf Gegenseitigkeit. Bello bewachte uns nicht nur am Tage, sondern war auch eine große Hilfe in der Nacht. Lange bevor die erste Sirene ertönte und vor Fliegerangriffen warnte, war Bello schon auf, lief hin und her und machte mit Jaulen und Winseln auf sich aufmerksam. Wenn mein Großvater das hörte, zögerte er keine Sekunde: „Alles aus den Betten und fertigmachen!“

Jeder sprang aus dem Bett, griff im Dunkeln seine am Vorabend stets ordentlich bereitgelegten Kleidungsstücke und zog sich an. Jetzt noch das gepackte Köfferchen mit den wichtigsten Sachen, und schon gingen die Sirenen los – Bombenalarm!

Mit seinem feinen Gespür nahm Bello die herannahenden Flugzeuge bereits viel früher wahr und reagierte sofort. Rasch verließen wir dann unser Haus, um uns in den gegenüberliegenden Luftschutzkeller zu begeben. Einmal quer durch den Garten und rein in den Keller!

Nur unser wachsamer Warner mußte leider im Haus zurückbleiben, weil Hunde im Luftschutzkeller nicht geduldet wurden. Wir ließen ihm zwar immer eine Möglichkeit, das Haus im Notfall verlassen zu können, aber ich hatte trotzdem ständig Angst um ihn.

Nach unserem Umzug mußte ich natürlich auch die Schule wechseln. Ich besuchte nun das Lyzeum für Mädchen in Saargemünd, einer Grenzstadt, die vor dem Krieg zu Frankreich gehört hatte. Nun gab es durch den Einmarsch der deutschen Truppen in Frankreich keine Grenze mehr, und in meine Schule gingen bis zum Abitur Mädchen aus Lothringen ebenso wie aus dem Saarland, was natürlich mit Problemen verbunden war. Die Abneigung und teilweise auch der

Das bin ich als Jungmädel mit meinem Hund Bello. Das Foto wurde im Frühjahr 1944 in unserem Garten in Sitterswald aufgenommen.

Haß, den deutsche Eltern den Franzosen gegenüber hegten, und umgekehrt, belastete auch uns Kinder. So war es halt im Krieg. Eigentlich hatte man ja nichts gegeneinander, ja man kannte sich nicht einmal, und trotzdem war man „Feind“ und wollte nichts miteinander zu tun haben. Schimpfwörter wie „Saupreuße“ für die Saarländer oder „dreckige Wackese“ für die Lothringer waren gang und gäbe. Jede Schwäche des anderen wurde ausgenutzt und verhöhnt. Der Streit ging soweit, daß wir nicht nur separate Klassenräume hatten, sondern auch auf dem Schulhof peinlichst genau darauf achteten, daß jeder nur auf seiner Seite war; als wenn eine unsichtbare Mauer zwischen uns aufgebaut wäre. Die Gehässigkeiten flogen nur so hin und her. Es kam sogar – und das unter uns Mädchen! – zu Handgreiflichkeiten.

Dann begannen die großen Luftangriffe auf Saarbrücken und Saargemünd. Wir saßen gemeinsam, natürlich die einen auf der rechten, die anderen auf der linken Seite, nach Nationalitäten getrennt, im Luftschutzkeller unserer Schule und hatten alle Angst. Von überall her hörten wir das Brummen der Flugzeuge und die Detonationen der abgeworfenen Bomben. Plötzlich zischte ein grelles Pfeifen durch den Luftschutzkeller, das Licht ging aus, und ein Luftzug fuhr durch den Raum. Es war totenstill, nur ab und zu hörte man ein leises Schluchzen. Auf einmal kamen größere Mädchen auf uns zu und sagten: „Laßt uns beten!“

Nur durch den Dialekt haben wir im Dunkeln erkannt, daß es die lothringischen Mädchen waren, die uns alle in einen Kreis nahmen. Sie legten uns die Arme um die Schultern, und während wir wegen des Luftdrucks mit gesenkten Köpfen standen, begannen sie zu beten. In saarländischem und lothringischem Dialekt wurden das „Vaterunser“, das „Gegrüßet sei's du Maria“ und das „Schutzengelgebet“ gemeinsam gesprochen.

Als wir endlich den Luftschutzkeller verlassen konnten, sahen wir das Ausmaß der Zerstörung. Eine Bombe war direkt im Nachbarhaus unserer Schule eingeschlagen. Viele Häuser waren Trümmerhaufen, und unten in der Innenstadt hatte eine Bombe die Volksschule getroffen. Von den Schülern überlebten nur wenige.

Von dieser Zeit an gab es keinen Streit mehr zwischen uns Schülerinnen. Das gemeinsam Erlebte hat uns jegliche Feindschaft vergessen lassen. Viel mehr noch, irgendwie wurden wir eine eingeschworene Gemeinschaft. Unser Krieg war schon 1942 beendet.

Mein Schulweg war sehr weit und durchaus nicht ungefährlich. Vom Sitterswalder Ortsende aus mußte ich etwa zwei Kilometer auf einer Chaussee entlang bis zur Hauptverbindungsstraße Saarbrücken-Saargemünd laufen. Von dort aus waren es immer noch etwa vier Kilometer bis Saargemünd. Dann ging es quer durch die Stadt und hoch hinauf auf einen Berg, wo das rote Backsteingebäude unserer Schule stand. Öffentliche Verkehrsmittel gab es nicht. Weil ich aber diese weite Strecke nicht laufen wollte, legte ich sie mit einem alten NSU-Fahrrad*) ohne Licht und ohne Bremsen zurück. Sobald ich morgens aufstehen und mich für die Schule fertigmachen mußte, verlangte Bello, hinausgelassen zu werden. Er verschwand und kam trotz allen Rufens und Pfeifens meiner Großmutter nicht zurück. Erst wenn ich mit meinem Fahrrad das Ortsende erreichte und in die Chaussee einbog, erschien er plötzlich neben mir. Keine Ermahnung und kein Befehl konnten ihn dazu bringen, wieder nach Hause zurückzukehren. Treu trabte das Tier neben meinem Fahrrad her.

Seitlich der Chaussee war ein Schützengraben von etwa einem Meter Tiefe ausgehoben worden. Er sollte auf der langen, baumlosen Landstraße zum Schutz vor Tieffliegern dienen. Nun konnte es passieren, daß sich Bello, noch bevor ich irgendeine Sirene oder auch nur ein Brummen in der Luft

*) NSU: Fahrrad- und Motorenwerke Neckarsulm.

hören konnte, vor mein Fahrrad stellte, mich bedrängte und mir zu verstehen gab, daß ich mich in den Schützengraben werfen sollte. Damit aber nicht genug – er warf sich obendrein auch noch über mich. Meist lagen wir noch nicht richtig im Dreck, je nach Witterungslage konnten das auch Schlamm oder Wasser sein, als auch schon die ersten Tiefflieger über uns hinwegflogen und auf alles, was sich bewegte und nach Mensch oder Tier aussah, schossen. Bello schützte mich, denn eine Kugel in unsere Richtung hätte er mit seinem Körper abgefangen. Er blieb solange auf mir liegen, bis die Gefahr vorüber war. Dann sprang er auf, und ich konnte schmutzig, naß und manchmal auch mit zerrissenen Strümpfen meine Fahrt fortsetzen. Wie habe ich mich oft geschämt, so in die Schule zu kommen!

Bello blieb natürlich weiter an meiner Seite, bis wir die Schule erreicht hatten. In die Klasse durfte ich ihn nicht mitnehmen, darum hatte ich immer Angst um ihn, wenn er so alleine auf dem Schulhof saß. Auch gab es in der Pause oft Probleme mit den anderen Kindern. Spielten wir Fangen oder Nachlaufen, so mischte er sich ein, sprang die Kinder, die hinter mir herliefen an und wollte mich vor ihnen beschützen. Das gab immer recht problematische Situationen. Er biß zwar nie zu, doch niemand fand es lustig, wenn er ein Kind mit seinem Gewicht umgeworfen hatte. Schließlich erbarmte sich der Hausmeister der Schule und schloß Bello bis zum Schulende in den Keller. Nach Schulschluß war mein treuer Begleiter wieder an meiner Seite, bis ich heil zu Hause angekommen war.

Schäferhunde waren während des Krieges von der deutschen Wehrmacht sehr begehrt, und auch Bello mußte zur „Musterung". Er sollte als Sanitätshund an der Front eingesetzt werden. Mein Herz war schwer bei dem Gedanken, ihn abgeben zu müssen. Dennoch mußte ich mit ihm vorstellig werden. Die Prüfungen für diese Hunde bestanden unter anderem auch darin, daß dicht über den Köpfen der Hunde geschossen wurde, um zu testen, ob sie sich auch bei Gefechtslärm nicht aus der Ruhe bringen lassen würden. Schließlich war Bello an der Reihe. Er, der sich bei Tieffliegerangriffen auf mich legte und mich beschützte, jaulte bereits beim ersten Schuß auf, zog den Schwanz ein und lief verstört davon. Ungehalten kam der leitende Offizier auf mich zu und meinte: „Dieser Hund ist ja wohl ein Angsthase und für den Militärdienst völlig unbrauchbar." Ich könne ihn wieder mit nach Hause nehmen.

Mein Herz machte einen Freudensprung. Natürlich widersprach ich mit keiner Silbe. Niemals hätte ich den Offizier über Bellos wahren Charakter aufgeklärt!

Ich rief meinen Hund, der jetzt wieder ruhig und unbeeindruckt neben mir herlief – trotz der lärmenden Schüsse, die weiterhin für die anderen Hunde abgefeuert wurden. Wir traten schleunigst unseren Heimweg an.

Im Herbst 1944 wurden wir erneut evakuiert. Hunde durften nicht mitgenommen werden. Wir mußten Bello schweren Herzens bei einem entfernten Verwandten in Saarbrükken zurücklassen. Lange Zeit wurde uns noch brieflich versichert, daß es Bello gut ginge und alles in Ordnung sei. Aber als wir im Sommer 1946 aus der Evakuierung zurückkamen, war Bello nicht mehr da. Niemand konnte uns sagen, was mit ihm geschehen war. Ich wollte mir gar nicht ausmalen, welche und wieviele Möglichkeiten es dafür gab. Lange trauerte ich um ihn und habe meinen Bello nie vergessen. Einen neuen Hund hat es nach diesem Verlust in meinem Leben nicht mehr gegeben.

[Hannover – Hohen Viecheln bei Schwerin –
Burgtiefe bei Burg/Fehmarn, Ostsee;
1942/43]

Heidi Schütte

Unseren Hühnern sei Dank

Geld galt 1942 mitten im Kriege nicht viel. Die meisten Dinge bekam man nicht auf Bezugsschein oder Punktkarte, hier half nur ein möglichst geeignetes Tauschobjekt. Ein vorzügliches war mein aus stabilem Leder gearbeiteter Tornister, der für mich inzwischen viel zu klein war, und meine Mutter beschloß: „Heidis Tornister tauschen wir gegen Hühner!"

Die Vermittlung übernahm Tante Käthe Krause, Pastorenfrau in Hohen Viecheln bei Schwerin. Ihren Mann und meinen Vater verband seit ihrer Studienzeit – also schon über zwanzig Jahre – eine enge Freundschaft. Tante Käthe war eine zierliche Person, aber sehr patent und energisch. Zu ihr fuhr meine Mutter – billig, aber umständlich – mit der Reichsbahn und kam mit vier lebenden Hühnern zurück.

Mein Vater, der 1942 wegen Kniebeschwerden aus dem Militär entlassen worden war, hatte inzwischen im hinteren Teil des Gartens mit einem Drahtzaun einen Hühnerhof abgegrenzt und darin ein Hühnerhaus errichtet. Es maß etwa eineinhalb Meter im Quadrat, war zwei Meter hoch und mit einer Tür und einem richtigen Dach versehen. Auch an die Hühnerstange hatte er gedacht – war er doch auf dem Lande aufgewachsen. Für den Bau hatte er Backsteine aus den Ruinen zerstörter Häuser verwendet. An solchen Ruinen herrschte in Hannover damals schon kein Mangel. Wir alle bewunderten sein Werk, sicher eine seiner größten handwerklichen Taten! Die Hühner nahmen es – offenbar zufrieden – in Besitz und fühlten sich bei uns sichtlich wohl. Wir tauften sie Amanda, Agathe, Gesine und Pauline. Mit ihrem herrlich braunen, mit roten Federn durchsetzten Gefieder boten sie einen prächtigen Anblick. Auch als später noch weiße Hühner dazukamen, blieben sie unsere erklärten Lieblinge, denn die vier waren die ersten Tiere in unserer Hausgemeinschaft gewesen, als das „Landleben" bei uns einzog.

Das erste von ihnen produzierte Ei wurde mit großem Hallo begrüßt. Sicher bedauerte meine Mutter, daß es beim besten Willen nicht zu einem Omelett für ihre sechsköpfige Familie reichen konnte. Zum „Strecken" des Eies fehlte ihr die Technik, die sie bei der Leberwurst so blendend beherrschte.

Doch bald bescherten uns die vier Hennen mehr und mehr Eier. So knüpfte Mutter vorsorglich Kontakte, um diesen Segen für eine vielseitigere Ernährung der Familie kommerziell auszuwerten. Der Handel spielte sich auch hierbei auf der primitivsten Stufe ab: Ware gegen Ware. Geld spielte bei diesen Geschäften nur eine theoretische Rolle, nämlich zur Bewertung der Güter: Der vor dem Krieg bezahlte Preis mußte für beide Tauschobjekte etwa gleich sein. So kam zu der Freude über unsere neuen, geliebten Hausgenossen die Freude über lang entbehrte Köstlichkeiten auf dem Familientisch, die uns die Eier bescherten.

Durch ihren Erfolg verwegen geworden, entschloß sich Mutter zu einer ganzen Hühnerzucht. Dazu mußte ein Hahn her! Um diese Voraussetzung für das Liebesleben von Amanda, Agathe, Gesine und Pauline zu schaffen, brauchten wir erneut die Hilfe von Tante Käthe, die auch bereit war, sich einzuschalten. Was diesmal das Tauschobjekt war, weiß ich nicht mehr, aber der Handel kam zustande. Als Mutti, von ihrer zweiten Tour nach Hohen Viecheln zurück, in Hannover aus dem Zuge stieg, führte sie einen prächtigen Hahn mit sich. Waren wir alle schon begeistert, was würden Amanda, Agathe, Gesine und Pauline erst für Augen machen! Richtige große Hühneraugen!

Wir wurden arg enttäuscht. In den vier Hühnerdamen – hinsichtlich des ihnen zugedachten Vergnügens offensichtlich noch recht unerfahren – erweckte der Hahn ausschließlich panische Angst. Mit kreischendem Gegacker versuchten sie, seinen stürmischen Liebesbeweisen zu entkommen. Vielleicht rückte er ihnen aber auch in dem kleinen Gehege – zwölf mal vier Meter groß – zu intensiv auf die Pelle. In ihrer Abneigung gegen den Hahn fanden sie Verbündete in unseren Nachbarn, die das frühmorgendliche Kikeriki störte – und dies war das größere Problem.

So landete der Hahn – unbemerkt von uns Kindern – im Kochtopf. Ob seines ungezügelten Temperaments hatten auch wir uns immer ein wenig vor ihm gefürchtet. Zudem fanden wir es ungehörig, daß er unentwegt unseren armen Hühnern nachstellte, um sich mit ausgebreiteten Flügeln auf sie zu stürzen. Für einen solchen Wüterich war uns kein liebevoller Name eingefallen, darum war er bis an sein jähes Ende ein anonymer Störenfried geblieben. Alle waren froh, ihn los zu sein, und es herrschte wieder Frieden im Hühnerhof.

Im Sommer 1943 planten meine Eltern, mit uns allen für sechs Wochen nach Fehmarn zu fahren. Dort besaß mein Onkel Ludwig, der ältere Bruder meines Vaters, ein kleines Ferienhaus in Burgtiefe, direkt am Südstrand. Der eigentliche Ferienort war Burg, Burgtiefe nur der zum Ort gehörende Strand. Die Sommergäste wohnten in Burg und legten die zwei bis drei Kilometer zum Strand mit dem Bus, dem Fahrrad oder zu Fuß zurück. Ob der Bus im Krieg noch verkehrte, weiß ich nicht mehr.

Das kleine Grundstück um das Haus war naturbelassen, am Zaun standen Wildrosen. Wir waren oft und sehr gerne dort. Wurde es am Spätnachmittag kühl und dämmrig und

Das Ferienhaus meines Onkels in Burgtiefe auf Fehmarn.

hatten sich die Feriengäste nach und nach in ihre Pensionen in Burg zurückgezogen, gehörte uns der Strand allein. Auf den kargen Wiesen, die sich hinter den Dünen ausbreiteten, wimmelte es in der Dämmerung von Kaninchen. An die Wiesen schloß sich in einiger Entfernung ein Wäldchen an, hinter dem ein großer Binnensee begann, eine „Lagune“ mit breitem Ausgang zur Ostsee an ihrer Südseite. Wanderten wir an der Nordseite auf schmalen Pfaden durch die unberührte Natur, kamen wir in den kleinen, aus Siedlungshäuschen bestehenden Ort Burgstaken. Dort lag eine Fischräucherei, bei der die rückkehrenden Fischer ihren Fang anlandeten. Da holten wir uns häufig unser Abendessen – in meiner Erinnerung den besten Räucherfisch, den ich je gegessen habe. All dies war für uns Burgstaken und an all dies dachten wir, wenn es hieß: „Wir fahren nach Fehmarn!“

Diesmal aber fragte mein Vater in unsere ausgelassene Ferienvorfreude hinein: „Und wer versorgt die Hühner?"
Er gab auch gleich die Antwort, daß meine Mutter mit uns vier Kindern fahren und er Haus und Hühner hüten werde.

Die Insel Fehmarn wurde „Kornkammer des Nordens" genannt, ein fruchtbares und reiches Land. Während unseres Aufenthaltes begann die Kornernte. Das hieß für uns, auf den gemähten Feldern Ähren zu sammeln. Es war schon et-

Ferienfreuden auf Fehmarn im Sommer 1943. Wir vier Geschwister Eva, ich, Jochen und die kleine Ute (von links). Während wir 1943 die großen Ferien dort verbrachten, kümmerte sich unser Vater zu Hause in Hannover um unsere Hühner.

was mühsam, die liegengebliebenen Ähren aufzulesen und in einen um den Bauch gebundenen Beutel zu stecken. Am Abend wurde das Gesammelte gewogen und in leere Persilkartons geschüttet. War wieder ein Karton gefüllt, nahm ihn meine Mutter mit, wenn sie zum Einkaufen nach Burg fuhr, und brachte ihn zum Postamt. Das war auf dem altersschwachen Fahrrad gleichermaßen schwierig wie der Transport der Lebensmittel für ihre Großfamilie, den sie auf dem Rückweg bewältigen mußte. Unser daheim gebliebener Vater und unsere Hühner wußten dieses prächtige Futter sehr zu schätzen und dankten es uns auf ihre Weise.

Was wir nicht ahnten: Auf diese Weise wurden aus unseren Hühnern unsere „kapitolinischen Gänse"*)! Denn während unseres langen Urlaubs ging auf unser Stadtviertel ein Hagel von Stabbrandbomben nieder, von denen zwei unser Dach durchschlugen und lichterloh auf dem Dachboden brannten. Mein Vater, der bei Fliegeralarm das Haus nicht verließ, bemerkte die Gefahr und konnte das Feuer mit dem bereitstehenden Sand und das brennende Holz mit Wasser und Luftschutzspritze löschen. Wäre er mit uns auf Fehmarn gewesen, hätten wir unser Haus nur als ausgebrannte Ruine wiedergesehen – wie so manches andere, das in jener Zeit unbewacht blieb. Daß wir es unbeschädigt vorfanden, verdankten wir somit unseren Hühnern!

*) Die heiligen Gänse, die zu Ehren der Göttin Juno auf dem römischen Kapitol gehalten wurden, fingen vor Angst laut an zu schnattern, als die Gallier die Nachtwachen überlistet hatten und die Stadt erstürmen wollten.

[Berlin-Prenzlauer Berg; 1944]

Elsbeth Reinboth

Und alle lachten

Wieder ein dröhnender Schlag. Diesmal wesentlich näher. Der Boden unseres Hauses Scherenbergstraße 9 im Berliner Osten schien zu wanken. Kalk rieselte von der Decke. Die Menschen im stickigen Keller stöhnten oder zuckten schreckhaft zusammen. Meine Blaustirnamazone im Käfig kreischte, flatterte einmal hoch und drückte sich dann wieder in die Ecke. Ich beruhigte den Vogel mit ein paar leisen Worten und rückte den Käfig noch näher an mich heran. Der Papagei wurde wieder ruhig, hockte sich auf die unterste Stange und plusterte sich auf. Vor Zugluft und dem Licht der Kellerlampe hatte ich ihn mit einer kleinen Decke geschützt. Dumpf hörte man vom nahen Flakturm regelmäßig Salven.

Die alte Frau Korka aus der Wohnung im vierten Stock murmelte wie immer Gebete. Erneut ein ferner Bombeneinschlag. „Heilige Maria und Josef“, hob die Alte die Stimme.

Der Papagei krächzte wiederum ängstlich.

„Hör’n se endlich auf mit ihrem frommen Gebrabbel!“ schrie plötzlich die Krausen, die Frau des Hausmeisters, und wandte sich gleich darauf an ihren Mann: „Und det Viech muß ooch raus! Kümmer dir endlich drum, wozu biste denn Luftschutz!“

Der Angesprochene schob seinen etwas zu großgeratenen Helm aus dem schweißnassen Gesicht. „Det Tier tut doch keen wat, Emmi! Und manchmal pfeift er doch ooch so schöne Melodien.“

Noch ehe er ausgesprochen hatte, krachte es bedrohlich ganz in der Nähe. Die Lampe flackerte und drohte zu erlöschen. Jetzt machte sich auch bei anderen Mitbewohnern, die bisher ergeben und fast regungslos mit gesenkten Köpfen auf den Bänken an den Kellerwänden gesessen hatten, Unmut breit: „Schmeißt den Vogel raus, der macht uns alle noch mehr verrückt! Und außerdem sind Tiere im Luftschutzraum verboten!"

„Nu bring'sen endlich in'n Vorkeller", herrschte der Hausmeister mich an und öffnete die mit zwei Querriegeln verschlossene blechbeschlagene Tür zum Vorraum. Ich mußte gehorchen, nahm den Käfig und setzte ihn im Vorkeller neben den Schornsteinvorsprung ab. Dann kehrte ich traurig zu meinem Platz zurück, und Krause schloß die Tür wieder sorgfältig. Der Angriff schien abgeflaut zu sein. Auch die Flak schoß nur noch in unregelmäßigen großen Abständen. Ich schloß etwas erleichtert die Augen und dachte an den Frühlingstag im Jahr 1917.

Ich hatte gerade erst meinen siebten Geburtstag gefeiert, als ich damals, von meinem Vater begleitet, den Papagei von seinem Geschäftspartner abgeholt hatte.

„Er heißt Lotte, wir rufen ihm Lotteken. Er haßt alle Männer und beißt mir dauernd. Deshalb kann ick ihm nich behalten. Vielleicht kannste als Mädchen besser mit ihm, Elseken!", erklärte er mir.

Überglücklich war ich mit dem Vogel und meinem Vater mit der Straßenbahn nach Hause gefahren. Ich mußte insgeheim lächeln, als ich mich an diese Bahnfahrt erinnerte. Die Tram wurde damals von einem vollbärtigen, in einen langen Mantel gehüllten Fahrer gelenkt, der im offenen Vorderteil des Fahrzeuges stand, während ein Schaffner sich im Inneren des Wagens durch die Fahrgäste drängte, kassierte und nach jedem Halt abläutete. Bereits nach der dritten Station ahmte Lotteken das Klingelsignal so täuschend ähnlich nach, daß der Fahrer zunächst an einen Dummejungenstreich

Mein Papagei war eine Blaustirnamazone. Er gehört zu den am häufigsten in Gefangenschaft gehaltenen Papageienarten. Er war in der Lage, die menschliche Sprache nahezu perfekt nachzuahmen.

glaubte. Als der Übeltäter ermittelt war, bekam mein Vater eine beamtenstrenge Aufforderung, dem Vogel diese verkehrsbeeinträchtigende Unart sofort zu verbieten. Daraufhin waren wir beide mit dem Vogel ausgestiegen und hatten den Rest des Weges zu Fuß fortgesetzt. Ich überlegte: Jetzt haben wir 1944, das war nun schon über siebenundzwanzig Jahre her!

Die Sirenen gaben Entwarnung und rissen mich aus meinen Erinnerungen. Erleichtert seufzend und sich halblaut unterhaltend erhoben sich alle und nahmen die Köfferchen mit ihren Habseligkeiten an sich. Man war mal wieder davongekommen. Plötzlich ein schmetternder Schlag!

Jemand schrie laut auf. Die Wände des Kellers schienen zu zittern. „Verdammt, eine Bombe mit Zeitzünder. Das war aber ganz nahe!"

Durch die Tür zum Vorkeller drang schwärzlicher Dunst. Vorsichtig drehte der Hausmeister an den Riegeln der Tür und öffnete sie. Langsam legte sich eine dichte Rußwolke in den Nebenraum. Im nur noch trüben Licht der Lampe konnte man erkennen, daß der Luftdruck der krepierenden Bombe die Rußklappe des Schornsteins aus den Angeln gerissen hatte. Mein Papagei schien unversehrt. Er klammerte sich seitlich an die Gitterstäbe seines Käfigs und sah, völlig geschwärzt, nun eher aus wie ein Kolkrabe. Aus dem ehemals so buntgefiederten Kopf leuchteten groß und bernsteinfarben die Augen.

Der Vogel pfiff. Alle hörten es. Er pfiff schrill, laut und deutlich. Immer wieder, und an einer Stelle immer um einen halben Ton zu hoch, pfiff Lotteken die Melodie:

„So leben wir, so leben wir, so leben wir alle Tage!"

Und alle lachten.

Lotte und ich etwa 1943. Der Papagei wurde über 100 Jahre alt.

[Roggersing, Landkreis Deggendorf,
Niederbayern;
September 1945]

Evelyn Steudel

Ungewöhnliche Betteltour

Fast alle Berliner Oberschulen waren in den letzten Kriegsjahren in Kinderlandverschickungslager evakuiert, genannt „KLV“. Viele KLV-Lager befanden sich in der Tschechoslowakei, so auch die Martin-Luther-Oberschule des Bezirks Kreuzberg. Im August 1944 wurden wir neuen zehnjährigen Erstklässler des Lyzeums*) von Führerinnen über Prag nach Schüttenhofen**) gebracht, die Schule war schon ein Jahr dort und erwartete uns. Doch nach einem knappen Jahr im April 1945 mußten wir vor den Tschechen flüchten. So liefen wir mit unseren Lehrern drei Wochen lang nach Niederbayern. Im Landkreis Deggendorf, zunächst in Grattersdorf, dann in Roggersing fanden wir nach dem beruhigten Kriegsende eine Bleibe, in Schulen und auch auf Bauernhöfen. Die Gemeinden halfen uns und sicherten unser Überleben. Ihnen gilt unser Dank! Doch oftmals zogen wir Kinder auch allein los und baten auf Bauernhöfen um Eßbares.

Bei einem unserer Organisiertrips entdeckten meine Freundin Ulla und ich eines Tages ein kleines windschiefes Haus mit einem bunten Garten, in dem alles durcheinander wuchs.

---

*) Mädchenoberschule. Bis 1945 begann die Oberschulzeit nach der 4. Volksschulklasse und zählte acht Jahre. Im Lyzeum waren wir die 1. Klasse, also die Erstklässler. Nach acht Jahren dort machte man das Abitur.

**) heute Sušice in Tschechien

Fasziniert standen wir an dem langsam verrottenden Zaun. Eine dicke, alte Frau, genauso windschief wie ihr Haus, hieß uns in fröhlichem Bayerisch einzutreten. Da wir stets auf dieses Signal warteten, standen wir im Nu mitten in ihrer häuslichen Welt. Was wir dort wahrnahmen, machte uns fast sprachlos vor Begeisterung: Mitten in einer Wirrnis von Küchenmöbeln, Bettzeug, schmutzigem Geschirr, surrenden blauen Fliegen, Holzpantinen, Obst, Brot und Wurst wuselten auf dem Fußboden winzige junge Hunde umher!

Es waren sechs Welpen, die da um die Wette jaulten, winselten, piepsten und sich wie Wollknäule über den Fußboden rollten. Wir gerieten in so helles Entzücken, daß wir die Welt außerhalb dieses Paradieses vergaßen. Es waren die ersten ganz jungen Hunde unseres (elfjährigen) Lebens, die wir sahen. Wir kannten zwar Hunde und Katzen von seltenen Landaufenthalten, aber in Berlin gab es während des Krieges in unserem Umfeld keine Menschen, die auch Hunde und Katzen hätten ernähren können. Und nun dieser Hundehimmel hier!

Schmelzend vor Wonne nahmen wir jedes einzelne Hundebaby in die Arme, ließen uns begeistert anpinkeln und hatten keinen Sinn mehr für Brot, Wurst und Obst.

Als die Frau erfuhr, daß wir bettelnde Berliner Kinder waren, die ohne Eltern vorübergehend hier lebten, hatte sie die Idee ihres Lebens: Sie bot uns an, für immer bei ihr und den jungen Hunden zu bleiben. Welches Angebot hätte in dieser Sekunde prickelnder sein können?

„Ja, wir bleiben!“, jubelten wir spontan, ohne nachzudenken. Wir gaben den Hündchen Namen und benannten sie nach den netten Amerikanern, die uns im bayerischen Grattersdorf mit Kaugummi und Schokolade versorgt hatten. Nun wuselten um unsere Füße Jerry, Jonny, Jimmy, Charly, Timmy und Benny. Wir teilten sie auf, zu jedem von uns sollten drei gehören. Sie krochen uns ins Kleid, leckten unser Gesicht ab und saugten an unseren Fingern. Unser Hunger war vergessen.

Erst ganz langsam fanden wir wieder in die Wirklichkeit zurück, denn allmählich begann es zu dämmern. Es war ja schon September. Nun sahen wir uns groß an. Wollten wir wirklich für immer bei dieser fremden Frau bleiben, nur weil sie junge Hunde hatte? Wollten wir nicht eigentlich nach Berlin zurück zu unseren Familien?

Da waren ja auch noch die Lehrer und die anderen Mädchen in Roggersing, und außerdem gab es Ullas ältere Schwester Gerda. Die hatte stets drei offene Ohren und Augen für alles, was Ulla sagte, tat oder unterließ.

„Gerda!“ entfuhr es Ulla gedehnt. Und das war auch mir klar: Gerda und die Lehrer würden die amerikanische Militärpolizei mobilisieren, um uns zu suchen. Das Ende unserer Hundeträume war erreicht.

„Komm, Krümel, laß uns gehen“, bat Ulla, „du kennst ja Gerda.“

Aber ich hatte noch eine Idee: „Und wenn wir solange hierbleiben, bis die amerikanische Militärpolizei uns findet?“, sagte ich. „Irgendwann kriegen sie uns sowieso, aber dann haben wir wenigstens solange mit den Hunden zusammengelebt.“

Ja, das leuchtete auch Ulla ein, und für einen Moment wurde sie unsicher. Doch dann siegte ihre Angst vor Gerda. Und da wir uns beide geschworen hatten, uns niemals im Stich zu lassen, willigte ich in das Abschiednehmen ein.

„Unsere Eltern in Berlin wollen uns bestimmt wiederhaben“, sagten wir der enttäuschten alten Frau. Sie hatte ihr Herz genauso an uns verloren wie wir unseres an ihre kleinen Hunde. Noch einmal drückten wir jedes einzelne Hündchen an uns, ließen ein paar Tränen kullern, bedankten uns und trotteten davon. Unterwegs merkten wir, daß die gute Frau unseren Organisierbeutel prall gefüllt hatte mit Brot, Obst und Wurst.

Im letzten Dämmerlicht erreichten wir Roggersing. Unsere Mädchen hatten schon alle Ein- und Ausgänge an den

Straßen des Dorfes besetzt. Als die ersten uns sahen, schrien sie es durch die hohlen Hände weiter: „Sie sind wieder da!" und lachten und freuten sich. Alle waren erleichtert, daß sie uns nicht suchen mußten. Gerda und die Lehrer schimpften: „Ihr dummes, kleines Gemüse! Wenn so etwas noch einmal vorkommt, dürft ihr nicht mehr alleine losgehen! Wo wart ihr?"

„Bei sechs kleinen Hunden."

Mehr sagten wir nicht, das hatten wir uns geschworen! Als wir unseren prallgefüllten Organisierbeutel abgaben, beruhigten sich alle wieder.

Im Dunkeln suchten wir unsere Schlafplätze auf dem Stroh unter unseren Decken. Und als wir uns zurechtgemummelt hatten, wußten wir wieder genau, daß wir hierher gehörten zu den großen Mädchen mit den vertrauten Berliner Schimpfworten. Daran änderten auch sechs kleine bayerische Hunde nichts. Aber an jeden von ihnen schickten wir noch einen fröhlichen Gute-Nacht-Gruß: An Jerry mit der Stupsnase, an Jonny mit dem samtweichen Fell, an Timmy mit den rosa Öhrchen, an Charly mit dem Stummelschwänzchen, an Jimmy mit den blanken schwarzen Äuglein und an Benny mit den weichen Patschpfötchen. Unter unseren Decken hatten wir noch ganz leise sehr viel zu flüstern. Sollten wir sie noch einmal besuchen, ja oder nein?

Nein, lieber doch nicht. Vielleicht würden wir nämlich aus Versehen noch ein Wauwi-Wollknäuel in unseren Organisierbeutel stecken und mit nach Roggersing auf unser Strohlager nehmen. Aber ob das den großen Mädchen und den Lehrern dann genauso gut gefallen würde wie uns, das bezweifelten wir. Als Ulla schon fast schlief, murmelte sie noch: „Manchmal ist das Leben ganz schön kompliziert."

(Weitere **ZEITGUT**-*Beiträge dieser Autorin sind im Autorenverzeichnis am Ende des Buches vermerkt.)*

[Leipzig-Kleinzschocher, Sachsen;
1945/46]

Ingrid Wehner

Die schneeweiße Lotte

Als der Krieg 1945 endlich zu Ende war, wurde die Verpflegungslage immer schlechter. Die Lebensmittelkarten reichten oftmals nicht, und es kam soweit, daß die Männer auf dem Güterbahnhof klauen gingen, sogar die größeren Söhne. Dort gab es mal Kohlen oder Kartoffeln, mal irgend etwas anderes.

Um sich aber selber zu helfen, hielten viele Familien in Leipzig auf ihrem Balkon Kaninchen. Auch wir hatten vier. Eines Tages erlebten wir Kinder eine Überraschung: In einer Ecke des Stalles entdeckten wir ein Nest, in dem winzige Knäuel mit einer dünnen Haardecke herumwackelten – fünf Kleine drängten sich da plötzlich!

Wir wunderten uns sehr. Die Eltern lächelten etwas verlegen und freuten sich über das heranwachsende Fleisch.

Die jungen Kaninchen erwiesen sich als süßes Spielzeug für uns, und wir hatten helle Freude daran, sie größer werden und gedeihen zu sehen. Natürlich mußten wir jeden Tag frischen Löwenzahn für sie stechen.

Wir wohnten in den Meyer'schen Häusern in Leipzig-Kleinzschocher, deren Innenhöfe sehr schöne Grünanlagen hatten – große Wiesen, Spielplätze mit Sandkasten und Bänken sowie Sträucher und Bäume, unter denen man wunderbar spazieren konnte. Von der Verwaltung eigens angestellte Leute achteten allerdings streng darauf, daß die von Hekken umgebenen Grünflächen nicht betreten wurden. Alle hatten Riesenrespekt vor den Männern im blauen Anzug; und wehe, wer sich nicht anständig verhielt!

Der dickste Löwenzahn wuchs meistens ausgerechnet hinter diesen Hecken – leider. Außerdem waren wir nicht die einzigen, die sammelten, wir mußten schon ganz schön suchen. Also machten wir es so: Einer hielt Wache, der andere schlüpfte schnell auf die Wiese und stach das Grünzeug ab, immer mit einem ziemlich schlechten Gewissen. Wir wollten uns vom „Blauen" nicht erwischen lassen, und es hat immer geklappt.

So wuchsen unsere Kaninchen alle gut heran. Aber eines Tages hieß es: „Die Lotte wird geschlachtet!" Sie war die Mutter der Kleinen, schneeweiß und unser absoluter Liebling. Der Nachbar, ein alter ehemaliger Schreiner, wurde gerufen. Der sollte mit seinem Beil die Sache erledigen. Für uns war es furchtbar, wir hörten das Quieken und sahen dann das Tier aufgehängt, mit abgezogenem Fell.

Als am nächsten Tag das Festmahl serviert wurde, saßen wir Kinder am Tisch und weinten. Wir konnten keinen Bissen davon essen, obwohl es so gut roch. Es ging einfach nicht. Unsere Lotte – der Gedanke allein ließ die Tränen fließen! Glücklicherweise saß noch der Nachwuchs im Stall und verlangte von uns vollen Einsatz.

Irgendwie haben wir später das Fleisch untergejubelt bekommen, ohne zu wissen, woher es stammte. Die Großen sorgten dafür, daß wir das Schlachten nicht wieder miterlebten. Dieser erste Schock reichte auch vollauf. Nie wieder trauerten wir Kinder einem Haustier so nach wie der schönen, schneeweißen Lotte.

(Weitere **ZEITGUT**-*Beiträge dieser Autorin sind im Autorenverzeichnis am Ende des Buches vermerkt.)*

[Marienberg, Hoher Westerwald;
1946 – 1949]

Burkhard Heim

„Ziegen-Peter“

Wie viele andere Väter ist auch meiner im Krieg gefallen, und meine Mutter stand bei Kriegsende mit der Verantwortung für uns drei Kinder allein da. Meine beiden Schwestern Elisabeth und Brigitte waren zwölf und zehn und ich acht Jahre alt. Im Gegensatz zu den meisten Familien meines Heimatdorfs Marienberg auf dem Hohen Westerwald hatten wir keine Landwirtschaft, deshalb war es für meine Mutter oft schwer, unsere drei hungrigen Mäuler zu stopfen und auch sich selbst durchzubringen.

Immerhin hatte sie mit Glück und List zwei Ziegen ergattert, Gretchen und Liesel. Deren Milch, die daraus gewonnene Butter und der mühevolle Ertrag aus dem Garten bildeten den Grundstein für unsere tägliche Ernährung. Wie es früher üblich war, mußten auch wir Kinder Pflichten erfüllen, um damit zum Gemeinwohl der Familie beizutragen. Meine beiden Schwestern halfen in Haushalt und Garten mit, mir war die Verantwortung für die beiden Ziegen übertragen worden. Bereits vor der Schule war es meine Aufgabe, den Stall der Tiere auszumisten, sie zu füttern und zu melken. Auch abends gab es für mich erst Abendessen, wenn Gretchen und Liesel versorgt waren.

Allerdings hatten wir für unsere Ziegen keine eigene Weide. Wo sollten sie im Sommer grasen?

Wiesen zu pachten, war in jenen Jahren, wo jeder Acker

und jede Wiese genutzt wurde, schwierig. Nach langem Überlegen hatte unsere Mutter eine Idee, die obendrein meiner Kindheit drei Sommer lang Freude und Glanz bescherte: Nach dem Mittagessen und den schnell „dahingehauenen" Schularbeiten führte ich Gretchen und Liesel in den Wald. Dort traf ich zwei, manchmal drei Freunde, die dort ebenfalls ihre Ziegen hüteten. Es war eine stattliche Herde von etwa zehn Tieren, die wir zu betreuen hatten, wobei das Wort „betreuen" nicht wörtlich zu nehmen ist.

Während wir Jungen spielten und uns vergnügten, suchten sich unsere Ziegen ihr Futter selbst. Nur ab und zu schauten wir nach ihnen und trieben sie wieder näher an unseren Spielbereich heran. Wir erforschten den Wald und einen still-

Das Foto zeigt mich im August 1949 mit Gretchen, einer unserer beiden inzwischen ausgewachsenen Ziegen.

gelegten Steinbruch, bauten Baumhäuschen, suchten Beeren, redeten über die Mädchen, badeten im Mühlgraben ...

Einmal geschah es, daß ich vor lauter Freizeitvergnügen die Aufsicht über meine Ziegen völlig vergessen hatte. Als es Zeit war, sie heimzutreiben, fand ich sie nicht mehr. Zusammen mit meinen Freunden suchte ich den Wald ab, immer größere Kreise ziehend. Vergeblich!

Schließlich mußte ich mit mühsam unterdrückten Tränen vor meine Mutter treten: „Die Ziegen sind weg!“

Sie aber lachte: „Die sind doch schon im Stall!“

Sattgefressen hatten sie den Heimweg ohne mich unter die Hufe genommen und sich meckernd zu Hause zurückgemeldet.

Sonst aber erlebte ich bei aller Ärmlichkeit der Nachkriegszeit drei unbeschwerte Sommer als „Ziegen-Peter“, die die Erinnerung an meine Jugendjahre bis heute vergolden.

(Weitere **ZEITGUT**-*Beiträge dieses Autors sind im Autorenverzeichnis am Ende des Buches vermerkt.)*

[Elbingerode, Harz;
1946]

Bärbel Böhme

Unsere ersten Haustiere

Wir wohnten nach unserer Flucht aus Schlesien in Elbingerode, einer Stadt, und ich kannte wie die meisten Kinder als neunjähriges Mädchen viele Tiere nur aus Bilderbüchern. Doch vor zirka 60 Jahren machten wir in unserer Familie zufällig nähere Bekanntschaft mit unseren ersten Haustieren. Eines Tages rumorte es morgens in der Speisekammer, und wir Kinder waren neugierig und wollten nachsehen. Wir entdeckten eine Kiste, in der sich etwas Weißes bewegte. Unsere Oma erzählte uns, daß sie ein Huhn geschenkt bekommen hätte. Das sollte nun in den Topf und eine fette Brühe abgeben, denn Lebensmittel auf Marken waren knapp. Aber wie erstaunt waren wir, als wir zaghaft den Deckel der Kiste öffneten und ein weißes Ei fanden!

So durfte das Huhn weiterleben, und fast jeden Morgen fanden wir ein Frühstücksei. Natürlich mußte das Tier nun einen Namen bekommen. Wir nannten es „Meta“ – die Furchtsame, da wir genauso viel Angst vor ihr hatten, wie sie vor uns. An den Kochtopf war nun nicht mehr zu denken, aber in der engen Kiste konnte das Huhn auch nicht bleiben. Meta sollte an die frische Luft, aber auch nicht weglaufen. Was fällt Stadtkindern dazu ein?

Wir haben Meta im Hof an einem Bein mit einem Bindfaden angebunden, aber nun riß sie sich verzweifelt flatternd fast das Bein aus. Da war guter Rat teuer!

Ein Laufgitter wurde besorgt und mit Draht umspannt. So hatte sie wenigstens einen Platz zum Scharren – dachten wir. Doch Meta suchte nicht nach Würmern, sondern grub sich unbeobachtet ein Loch und kroch hindurch. Stolz bewegte sie sich im Hof. An Weglaufen dachte sie nicht, denn schließlich bekam sie Wasser und Futter von uns. Wir machten ihr einen Platz zum Schlafen im Holzschuppen zurecht, und sie versorgte uns weiter mit frischen Eiern.

Eines Tages aber blieb sie auf ihren Eiern sitzen, und wir waren ratlos. Von einem Bekannten, der selbst ein paar Hühner hatte, erfuhren wir, daß sie wahrscheinlich brüten wolle. Wir besorgten also Bruteier, und Meta gab sich viel Mühe mit dem Warmhalten und Wenden der Eier. Nur ganz kurz verließ sie ihr Nest zum Fressen. Wie begeistert waren wir, als wir das erste Küken piepsen hörten!

Nach drei Wochen steckte es sein Köpfchen durch Metas Gefieder. Um die ganze Hühnerfamilie besser beobachten zu können, zog Meta mit ihren fünf Küken in die Küche um. Alle Küken hatten nun natürlich auch Namen bekommen. Sie hießen zum Beispiel Grauchen, Blondchen oder Pieleken. Abgesehen von dem Schmutz, den die Hühnerfamilie machte, der uns Kinder aber überhaupt nicht störte, hatten wir viel Freude mit ihr.

Diesem ersten Kontakt, den ich mit Haustieren hatte, sollten später im Beruf als Landwirtin noch viele folgen.

(Weitere **ZEITGUT**-*Beiträge dieser Autorin sind im Autorenverzeichnis am Ende des Buches vermerkt.)*

[Bad Windsheim, Mittelfranken;
1948]

Gunda Rechter

Larke

In einer Siedlung unserer Stadt wohnten nach Kriegsende 1945 jüdische ehemalige KZ-Häftlinge. Als viele von ihnen nach Gründung des Staates Israel ins „Gelobte Land" aufbrechen wollten, bat einer meinen Vater, ihm doch eine Kiste zum Verstauen seiner Habe zu fertigen. Als Schreiner war das für diesen natürlich kein Problem. Er tat dem Mann den Gefallen und hoffte, sein Auftraggeber würde sich – wie damals üblich – mit irgendwelchen Lebensmitteln erkenntlich zeigen. Ob mein Vater überhaupt einen Lohn bekam, weiß ich heute nicht mehr. Aber ein Geschenk brachte er nach der Lieferung mit nach Hause. Der Auswanderer hatte ihm großmütig seinen Hund vermacht, den er nicht auf die Reise in eine ungewisse Zukunft mitnehmen konnte. Ein Hund hatte uns in unserer engen, primitiven Barackenwohnung gerade noch gefehlt!

Der hieß Larke, war eine Promenadenmischung, aber kein häßlicher Kerl. Er hatte ein glänzendes rotbraunes Fell und war unserem Vater vom ersten Tag an völlig ergeben. Er folgte ihm aufs Wort. Und schon, wenn ihn ein anderer nur berührte, sprang der Hund auf, um ihn laut bellend zu verteidigen. Das Kehren unserer Wohnküche nach dem Essen war nur mit größter Raffinesse zu bewerkstelligen. Sobald der Besen auch nur in die Nähe der Vaterfüße kam, schnappte Larke nach ihm und das Gekläffe ging los. Das Läuten der

Kirchenglocken begleitete er mit schauerlichem Geheule ebenso wie meine Lieblingsmusik im Radio. Das nervte mich als 13jährige fürchterlich. Mehr als einmal verwünschte ich den ungewollten Familienzuwachs, der noch mehr Unruhe als bisher in unser Familienleben brachte, von dem widerlichen Gestank bei Wetterwechsel ganz zu schweigen.

Meine drei jüngeren Schwestern freundeten sich schnell mit ihm an, rissen sich darum, mit ihm „Gassi" zu gehen und nahmen ihn mit zu unserem Lieblingsspielplatz, dem alten Steinbruch am Stadtrand. Selbst meine Mutter wehrte sich nach anfänglichen Unmutsbekundungen bald nicht mehr, den „Judenhund" zu versorgen, obwohl sie weiß Gott ohne ihn schon genug am Hals hatte.

So stand nur ich ihm, wenngleich nicht feindlich, so doch ziemlich abweisend gegenüber. Ich quälte ihn zwar nicht, aber zeigte ihm auch wenig Sympathie. Und mir war völlig klar, daß das auf Gegenseitigkeit beruhte bis zu jenem denkwürdigen Ereignis:

Papa hatte mich, die Älteste, zum Äpfelklauben verdonnert. Er schnürte mir ein paar leere Säcke auf den Gepäckständer meines Fahrrads und setzte Larke in einen Korb, der auf seinem befestigt war. Wir radelten los. Der Hund genoß offensichtlich die Fahrt zu den Obstbäumen und sprang munter von seinem „Hochsitz", als wir ankamen und uns ans Einsammeln machten. Den Heimweg mußte er allerdings zu Fuß zurücklegen, weil unsere Gepäckständer mit den vollen Säcken beladen waren. Auf Kommando trabte er brav neben seinem Herrchen her. Doch schon nach kurzer Zeit rannte er ständig zwischen uns beiden auf und ab, gerade so, als müßte er jedem von uns den Weg zeigen oder auf uns aufpassen.

Ich war, im Gegensatz zu meinem Vater, keine schneidige Fahrradfahrerin und fiel schnell zurück. So hatte Larke immer größere Strecken doppelt zu bewältigen. Er hechelte von einem zum andern – bis ich plötzlich merkte, daß mein Sack auf dem Gepäckständer anfing zu rutschen. Ich stieg ab, versuchte aber vergeblich, ihn wieder in die Mitte zu schieben. Er glitt mir vom Rad und ich konnte ihn nicht mehr hochheben.

Der Hund beobachtete das Geschehen aufmerksam. Er saß regungslos daneben, blickte abwechselnd besorgt zu mir auf und bellte in die Richtung meines Vaters, der unbekümmert weitergefahren war, ohne mein Mißgeschick zu bemerken. Irgendwann vermißte der wohl seinen vierbeinigen Freund und mich. Er kehrte um, fuhr zurück und sah, wie dumm ich mich wieder einmal anstellte, lüpfte den Sack hoch und klemmte ihn auf dem Gepäckständer fest. Dann strich er Larke übers Fell und lobte ihn: „Braver Kerl, hast gemerkt, daß Gunda hilflos ist und sie nicht im Stich gelassen, obwohl sie dich doch gar nicht besonders mag. Ja, an einem ‚Judenhund' sollten die Menschen sich ein Beispiel nehmen."

Zu mir sagte er nichts. Mein zaghaftes Danke überhörte er offensichtlich. Ich schämte mich für die unverdiente Solidarität, die mir zuteil geworden war, und schwor mir, mich zu bessern und Larke in Zukunft freundlicher zu begegnen.

(Weitere **ZEITGUT**-*Beiträge dieser Autorin sind im Autorenverzeichnis am Ende des Buches vermerkt.)*

[Zweibrücken, Grenzbezirk zum
Saarland, Westpfalz;
1947]

Walter Danner

Der entgangene Gänsebraten

Es war das zweite Jahr nach dem Kriege. Die Versorgungslage hatte ihren tiefsten Punkt erreicht. Vielfach waren die Lebensbedingungen auf dem Lande noch einigermaßen erträglich, auch die Folgen des Bombenkriegs im allgemeinen geringer. Nahrungsmittel waren zwar knapp, aber die Überlebensbedingungen immer noch erträglicher als in den zerstörten Städten oder gar bei den Vertriebenen und Flüchtlingen.

Glücklich, wer die Möglichkeit der Eigenversorgung hatte und damit auch ab und an beim Schwarzhandel, dem *„Fuggern"* etwas erstehen konnte. In meinem Umfeld brachten dazu zwei Berufsgruppen die günstigsten Voraussetzungen mit: Bauern, die Selbstgeerntetes, und Handwerker, die Arbeits- oder Dienstleistungen bieten konnten. Zu reparieren gab es nach dem Kriege sehr Vieles.

Unter der Hand blühte das Fuggern, vielfach verharmlosend auch Tauschhandel genannt. Lebensmittel, aber auch Waren und Gegenstände des Alltags waren zwar theoretisch zumindest rationiert auf Zuteilungskarten zu bekommen, aber eben nur theoretisch. In der Praxis war der auf dem Papier versprochene Gegenwert in den Geschäften oft nicht zu bekommen. Mancher besitzt auch heute noch Lebensmittel- und Versorgungskarten, die zur Zeit ihrer Gültigkeit nicht eingelöst werden konnten. Dennoch nahm nicht jeder nur aus Not an dieser Urform menschlicher Handels- und

Wirtschaftsbeziehungen teil. Wer über ein der Zeit entsprechendes Startkapital verfügte und es geschickt einzusetzen verstand, dem waren fortan satte Gewinne sicher. Geld war bei vielen vorhanden, abgegriffene Scheine und Münzen aus minderwertigen Metallen, von der Kriegswirtschaft übriggelassen, das zunächst noch als offizielles Zahlungsmittel neben dem neuen Geld der alliierten Besatzungsmächte in Umlauf war. Doch Sachwerte galten überall als die weitaus bessere Währung.

Wenn ich einen guten, etwas älteren Freund, einen Bauernsohn, besuchen wollte, führte mich der Weg an einem kleinen, mit Sandsteinmauern eingefaßten Bach entlang. Beiderseits von Straße und Bach standen Häuser – alte, sehr alte, kleine, große – in bunter Folge nebeneinander. In einem Falle stand das Wohnhaus eines Bauern samt Anbau mit einigen Stallungen auf der einen Seite des Weges, auf der anderen waren das Großvieh, die zwei Pferde und einige Kühe untergebracht. Dort war auch der Hofhund Karo angebunden, mit einer Kette an einem kurzen Stahlstab als Pflock. Wenn ein Junge wie ich zwischen den Gebäudeteilen hindurchging, war es eine Selbstverständlichkeit, daß er sich mit Karo anlegte. Irgendetwas fiel einem immer ein, was Karo nicht nur zum Bellen, sondern auch dazu veranlaßte, gegen die sich spannende Kette zu springen. Dazu war kein besonderer Mut nötig, denn die von der Kettenlänge beschränkte Reichweite des bissigen Hundes ließ die Passage kalkulierbar werden. Besonders Kühne ließen durch geschicktes Umkreisen den angriffsbereiten, zähnefletschenden Kettenhund so laufen, daß sich dessen Halteleine mehr und mehr aufwickelte und so seinen Aktionsradius immer weiter verkürzte. Dann konnte der listige Junge beim Vorbeigehen voller Stolz fast die ganze Breite des Weges in Anspruch nehmen. Der Hund war ausgetrickst. Jetzt mußte er zusehen, wie er damit klarkam.

Ganz ungefährlich war die Sache dennoch nicht. Wenn Karo nämlich nach einem ersten Aufgeben, das die Kette lokkerte, weil er nicht mehr daran riß, doch noch einen Versuch unternahm und erneut dagegen sprang, so konnte es passieren, daß einige der Windungen über dem freien Ende des eisernen Pflockes abrutschten und der Hund so urplötzlich wieder einen größeren Spielraum erhielt. Diesen Moment mußte man rechtzeitig erkennen und reaktionsschnell ausgleichen. Zumeist ging es gut, manchmal aber war der Hund schneller ...

Der Bauer hatte neben anderem Federvieh auch einige Gänse. Es waren wirklich sture Gänse! Sie wußten zwar um die Reichweite des Hofhundes, den verbleibenden Freiraum im Durchgang beanspruchten sie aber ausschließlich für ihren Spaziergang zum Wasser und zurück.

Wer es nicht selbst erlebt hat, wird wohl kaum glauben, welche Angst zischende Gänse mit weit vorgestreckten Hälsen bei Kindern verursachen können. Sie liefen frei und waren durch keine Kette wie der Hofhund, noch durch irgendeine andere Beschränkung behindert. Zudem wußten die Gänse zwischen kleinen Kindern und großen Erwachsenen sehr wohl zu unterscheiden. Je größer ihre Zahl, desto mutiger waren sie. Nicht nur bösartig, sondern auch feige und gemein, griffen sie noch rücksichtsloser an, wenn ein Kind ihnen den Rücken zukehrte und eigentlich schon an ihnen vorbei war. Auf meinen Wegen zum Freund fürchtete ich deshalb die Gänse weit mehr als den Hund. Sie waren immer angriffslustig; man mußte vor ihnen sehr auf der Hut sein.

Eines Tages, ich war damals sechs Jahre alt und auf dem Weg nach Hause, hatten mich die Gänse gestellt. Hinter mir die kahle, glatte Scheunenwand – vor mir die Gänse. Keine Hilfe weit und breit, weder in Hör- noch in Sichtweite. Was einzig übrigblieb, war Selbstverteidigung. Ein fester schneller Tritt mit dem Schuh, aus Not und Verzweiflung geboren

– und eine Gans, vielleicht der vorwitzigste Ganter, der zusätzlich glaubte, seine Frauen schützen und verteidigen zu müssen, torkelte, schwankte zur Seite und fiel um, offenbar tot. Dies war meine Chance zur Flucht!

Kaum in Sicherheit, kamen andere Ängste bei mir auf. Wenn ich gesehen worden war, dann hatte ich was zu erwarten – entweder zu Hause oder aber vom Bauern. Es war besser, sich für den Heimweg etwas mehr Zeit zu nehmen. Vielleicht würde das Problem sich von selbst lösen. Aber wie?

Ich hatte keine Ahnung. Schließlich kam die Uhrzeit heran, wo ich in jedem Falle wieder zu Hause sein mußte, um nicht noch ein zusätzliches, und zwar gänzlich anderes Problem zu bekommen. Was jetzt? Vielleicht dem Großvater alles beichten?

Von ihm hatte ich am ehesten Verständnis zu erhoffen und die geringste Strafe zu befürchten.

Gedacht, getan. Ich nahm allen Mut zusammen und erzählte ihm die Geschichte. Selbstverständlich betonte ich, daß von mir bezüglich Hofhund oder Gänsen keinerlei Provokation ausgegangen war. Ich versicherte gleichfalls, daß ich besonders bei den aggressiven Gänsen alle mir gebotene Vorsicht hatte walten lassen. Ich berichtete von Altersgenossen, denen gegenüber sich jene Viecher ebenfalls in kaum zu überbietender Angriffslust gezeigt hätten. Ich unternahm alles, was meine Tat im Hinblick auf ein mir anlastbares Mitverschulden klein erscheinen ließ. Ich wußte damals noch nichts von den Bedingungen einer gerechtfertigten Notwehr, tat aber aus gesundem Instinkt alles, um einen solchen Tatbestand einleuchtend zu behaupten.

Was den Großvater letztlich zu seiner unerwarteten Reaktion veranlaßte, ich weiß es bis heute noch nicht richtig; kann es nur vermuten. Nie vergessen werde ich hingegen seine überlegt und ruhig gesprochenen Worte, nachdem er sich kaum hatte bedenken müssen: „So, jetzt gehst du zu dem Bauern und erzählst ihm, was passiert ist. Dann fragst du, was die Gans kostet. Du sagst ihm aber, daß du die Gans haben willst. Ich werde sie dann bezahlen."

Nichts von Strafe, kein Ausschimpfen, keine Tracht Prügel. Ich hatte mit vielem gerechnet. Ich hätte es dann vielleicht auch als gerecht empfunden und einfach hingenommen, aber einen solchen Vorschlag, eine solche Antwort hatte ich nie erwartet.

„Du gehst aber gleich hin", verlangte Großvater, „und sagst mir sofort, was er geantwortet hat, wenn du wiederkommst!"

Jetzt hieß es zum zweiten Male allen Mut zusammenzunehmen. Das Problem war so vielleicht auf eine für mich erträgliche Weise aus der Welt zu schaffen. Ich tat, wie mir geraten.

Als ich zurückkam, wurde ich bereits erwartet.

„Und was hat der Bauer gesagt?"

„Er hat gesagt, daß er die Gans auf keinen Fall hergeben würde, daß er aber mit dir die Bezahlung und die Schadensregulierung am Sonntag nach dem Kirchgang absprechen würde!"

Zum zweiten Male wurde ich von einer Antwort des Großvaters verblüfft: „Nun ja, wie er es will! Die Sache ist damit von unserer Seite, das heißt, vor allem für dich, erledigt. Bezahlen werden wir jetzt auf keinen Fall!"

Es schien mir, als wäre der Großvater ob dieses Ausganges sehr enttäuscht. Hatte er in jenen an Fleischgenüssen wahrlich armen Zeiten vielleicht schon von einem Gänsebraten geträumt? Geld in Form von fast wertlosem Papier hätte er bestimmt gerne dafür gegeben!

Für mich aber ist Großvaters Reaktion in ihrer pädagogischen Einmaligkeit, vor allem vor dem vermutlich ökonomischen Hintergrund, eines der unvergeßlichen Geschehnisse aus dieser letztlich doch traurigen Zeit unmittelbar nach dem Krieg.

[Zweibrücken, Grenzbezirk zum
Saarland, Westpfalz;
1948]

Walter Danner

Flocki, der Zirkushund

Die ersten Nachkriegsjahre waren in vielfältiger Weise unruhige Zeiten. Viele Menschen trieb es hin und her. Manchmal zogen sie von West nach Ost, manchmal aber auch in entgegengesetzte Richtung. Es gab solche, die ihre Heimat verloren hatten und eine neue zu finden hofften. Erstaunlich oft war es aber auch fahrendes Volk, das noch nie eine richtige Heimat besessen hatte. Meist waren es offensichtlich Familiengemeinschaften, immer mit Kindern, mit schmächtigen Pferden und kleinen heruntergekommenen Wägelchen, die so unterwegs waren. Sie führten die verschiedenartigsten Haustiere mit sich. Immer gehörten Hunde oder Katzen dazu, nicht selten auch ein kleiner grauer Esel. Es konnten aber auch braune Ziegen mit langen Hörnern sein. Manchmal waren es sogar Hühner. Wenn ein Lager aufgeschlagen war, wurden diese am Weglaufen gehindert, indem man ein Ende einer langen Schnüre jeweils um ein Hühnerbein und das andere an den Wagenspeichen festband.

Ohne jedwede Hintergedanken wurden die Vorbeiziehenden von den Einheimischen auch als fahrendes Volk oder sogar als Zigeuner bezeichnet, vor allem dann, wenn sie untereinander eine Sprache oder einen Dialekt pflegten, den die Seßhaften nicht verstanden. Sie waren fast immer von hagerer Gestalt, hatten eine sonnengebräunte Haut und lebten offensichtlich in Armut und großer Bescheidenheit. Manchmal bettelten sie. Oftmals boten sie besondere Waren oder Dienstleistungen an. Sie konnten Besen binden, Körbe flechten, Töpfe flicken, Scheren und Messer schleifen. Mitunter versuchten sie sich auch im Handlesen oder Wahrsagen. Diese Leute kamen und blieben kurze Zeit. Schnell waren sie wieder vergessen. Besonders geachtet waren sie nie. Für uns Kinder aber waren sie immer von besonderem Interesse. Ihre Kinder schienen von vielen Zwängen des Alltags befreit und so manchen unangenehmen oder lästigen Regeln nicht zu unterliegen. Scheinbar genossen sie grenzenlose Freiheiten.

Ein zwei Jahre älterer Freund von mir bekam Geigenunterricht und erging sich in besonderer Weise an dem Volkslied „Die Zigeuner sind lustig, die Zigeuner sind froh, sie verkaufen ihr Bettchen und schlafen auf Stroh“. Dieses Volkslied kratzte er mit geringer Virtuosität, aber größter Ausdauer und hinreichender Erkennbarkeit wohl als erstes Geigenstück immer und immer wieder auf den Saiten seines geduldigen Instruments. Niemand von uns wußte um das tatsächliche traurige Schicksal von Sinti und Roma. Im Gegenteil, deren Lebensführung und Lebensumstände schienen uns beneidenswert.

Einmal geschah etwas ganz Besonderes: Eine kleine Schaustellertruppe kam zu uns. Wohl getreu dem Leitsatz: „Hurra, wir leben noch!“, vielleicht aber auch, um zu vergessen oder einfach über die Runden zu kommen und auf bessere Zeiten hoffend, zogen auch sie von Ort zu Ort. Sie blieben wie die anderen, mal kürzer, mal länger, mal hier, mal da, ganz wie es die Umstände erlaubten oder sie die Umstände ertrugen.

Vom Zufall geführt, wurde diesmal die Truppe auch in unseren Ort gespült. Sie bestand aus mehreren Generationen einer einzigen Familie. Zu ihr gehörten vier Kinder, und die besaßen einen weißen braungefleckten kleinen Hund. Die Kinder, von denen einige sogar für wenige Tage mit uns die alte Volksschule besuchten, erzählten uns, daß dieser Terrierabkömmling Flocki hieß. Ihm wurden große Freiheiten zugestanden, er war weder eingesperrt noch irgendwo angebunden. Er genoß das und bestimmte seine Zeiteinteilung und seinen Aufenthaltsort selbst. Nur zu seinen Auftritten im Zirkusrund wurde er verläßlich vom Streunen zurück erwartet.

Der Zirkus, zu dem Flocki gehörte, war so winzig, daß er noch nicht einmal ein kleines Zelt oder einen Sichtschutz für seine Darbietungen besaß. Man bezog im Innenhof eines bäuerlichen Anwesens mit zwei Pferdchen, einem Esel, immerhin sogar auch einem Dromedar Quartier. Der Esel war ein kleines, graues Tier, dessen Part in der Manege darin bestand, alle erbarmungslos abzuwerfen, die auf ihm reiten wollten. Natürlich waren sie zuvor dazu aufgefordert worden, ihr Glück auf dem Rücken des Esels zu versuchen. Jedem Büschel Gras oder Heu aus Kinderhand war er hingegen immer sehr zugetan.

Flockis Künste, Flockis Leid

Flocki war der Freund aller Kinder. Seine größte Aufmerksamkeit galt ständig seiner Eigenversorgung. Futter gab es bei seinen Herrschaften nicht nur unregelmäßig, es war außerdem unzureichend in Art und Bedarfsmenge. Der Hund verstand es sehr gut, ohne folgenschwere persönliche Konflikte mit den einheimischen Dorfkötern auszukommen. Dazu mußte er lediglich von seiner ihm im Übermaß von der Natur mitgegebenen, also angeborenen, Hundeschläue Gebrauch machen. Er hatte gegenüber den Hofhunden einen entscheidenden Vorteil: Er lief frei herum – jene aber waren zumeist angekettet an ihren Hundehütten oder mußten sich mit Laufleinen zufrieden geben. Dies schränkte die jeweiligen Herrschafts- und Wirkungsbereiche für Zähne und Krallen erheblich ein und ließ sie eine gewisse Hilflosigkeit dem frei Streunenden gegenüber deutlich spüren.

Kindern gegenüber verhielt sich Flocki sehr freundlich, immer in der Hoffnung auf freßbare Belohnungen oder Streicheleinheiten. Wenn es sein mußte, wußte er dann auch eine kleine Gratisvorstellung zu geben: Mit eingeknickten Vorderbeinen nahm er kniend eine Demuts- oder Dankeshaltung ein und demonstrierte Fröhlichkeit, indem er kugelnd eine oder mehreren Rollen seitwärts vorführte. Er konnte aufrecht auf zwei Beinen einige Schrittchen rückwärts oder vorwärts hüpfen und auf Befehl bellen. Kurzum, er war ein Künstler, denn er hatte weitaus mehr erlernt als jeder gewöhnliche Dorfhund, der es vielleicht auf „Sitz!", „Fuß!" oder „Komm!" brachte. Und in der Manege erst!

Hier lief Flocki zur Höchstform auf. Er stand dann auf dem Rücken eines trabenden Pferdes und drehte sich auf ein Handzeichen nach rechts oder links. Aber das war erst der Anfang. Unser geliebter Flocki sprang sogar durch einen brennenden Reifen! Wie ein mutiger Löwe! Den allerdings hätte sich das Zirkusunternehmen bestimmt nicht leisten können.

Leider waren Flockis Leistungen in der Manege nicht nur mit hartem Training, sondern auch mit dem eisernen Regiment seines Dresseurs erkauft. Und wehe, wenn er seine Bewegungsfreiheit zu sorglos ausnutzte!

Schloß Flocki zu spät seine örtlichen Erkundungen ab oder wollte er nicht tun, was sein Herr bei einer Vorstellung oder beim Training forderte, so bekam er gnadenlos Dresche mit einer kleinen aber sehr wirksamen Peitsche. Wenn er Glück hatte, so konnte er ohne größeren Schaden sofort abhauen und erst wiederkommen, wenn es schien, als hätten er oder sein Herr alles vergessen. Solche Mißhandlung hatte Flocki nach unserer Kindermeinung in keiner Weise verdient. Da hatte das arme Tier wirklich ein Hundeleben!

Eines Tages war es dann geschehen. Flocki blieb einfach verschwunden. Alles Suchen, alles Rufen und Pfeifen der Zirkusleute war vergeblich. Auch wir Kinder wurden vernommen und nach Aufenthaltsspuren befragt – ergebnislos. Flokki blieb verschwunden, keiner hatte ihn gesehen. Man mußte sich damit abfinden.

Bald darauf kam ich von der Schule nach Hause. Entgegen meinen sonstigen Gepflogenheiten öffnete ich, bevor ich die Treppe nach oben ging, eine Zwischentür zu jenem Teil des unteren Stockwerkes, den wir allgemein als Stall bezeichneten. Freiwillig ging ich äußerst selten da hinein. Dort lagerten Brennholzscheite zum Heizen und Kochen, dort waren auch manchmal in einer Schweinebucht zwei Ziegen oder ein junges Schwein untergebracht. Möglichkeiten zum Stöbern oder Spielen fanden sich jedenfalls an diesem Ort nicht. Statt dessen roch es nach Arbeit, nach Ausmisten oder Holzspalten. Was mich ohne Befehl oder Not an diesem Tage dorthinein führte, ich weiß es nicht mehr. Aber an das Glücksgefühl, das mich augenblicklich wie ein Blitz traf, erinnere ich mich um so deutlicher. Denn was war das?

Da stand auf dem gespaltenen Holz, mit seinem kurzen Stummelschwanz wedelnd, unser Flocki, der Traum von uns Kindern!

Wie war er da hineingekommen?

„Oma, Oma, da unten im Stall ist Flocki!"

Ich konnte mich nicht mehr zurückhalten.

„Pst!... Pst!... Nicht schreien!" Dann erzählte sie mir, wie sie zufällig Zeugin einer grausamen Abreibung Flockis mit der Peitsche geworden und der arme Hund plötzlich zu ihr gelaufen war und sich hinter ihr versteckt hatte. Ohne daß es einer besonderen Aufforderung bedurfte, sei er ihr bis nach Hause nachgelaufen, Hilfe erhoffend und in großem Vertrauen. Oma versteckte ihn im Stall, fütterte ihn, gab ihm Wasser zu trinken und wollte zunächst einfach abwarten. Flocki verhielt sich stundenlang, schließlich ein oder zwei Tage, äußerst ruhig. Er tat alles, um nicht aufzufallen und verzichtete sogar auf das Bellen. Auch dem gewohnten Herumstreunen entsagte er total. Wie viele andere aus unserem Dorf, hatte auch meine Großmutter gehört, welche vielfältigen Verwünschungen und sehr konkreten Strafandrohungen Flokkis Herrchens bei dessen vergeblicher Suche ausgestoßen hatte. Deshalb, so beschloß sie, mußte Flocki zumindest für eine Weile bei uns bleiben. Was natürlich zur Folge hatte, daß das Programmangebot in der Manege eingeschränkt werden mußte.

Flocki blieb einige Tage in seinem Versteck, ohne daß jemand außerhalb der Familie davon erfuhr. Unser vierbeiniger Freund wußte anscheinend um die große Gefahr, die auf ihn außerhalb lauerte. Er blieb erstaunlich ruhig. Schließlich zog die Zirkustruppe mit Pferd und Wagen weiter. Ohne Flocki.

Nach einigen Tagen wagte es mein Großvater, mit Flocki an der Leine bei Dunkelheit spazierenzugehen. Obwohl er es zu vermeiden hoffte, wurde er offensichtlich dabei gesehen. Aber niemand schien ihn zu verraten. Außerdem war der Zirkus sicherlich schon weit, weit fort.

Nach knapp zwei Wochen wurde die Sicherheitsverwahrung gelockert und Flocki bekam mehr und mehr von seinen ursprünglichen Freiheiten zurück. Da plötzlich geschah es, das Unabänderliche, das Befürchtete!

Als ich von der Schule zurückkam, erfuhr ich es und hätte laut weinen können: Heute Vormittag war ein Mann auf einem Fahrrad in unsere Straße gekommen. Der sah den freilaufenden Flocki und rief ihn sofort beim Namen. Flocki lief schwanzwedelnd auf ihn zu. So schnell man auch nur schauen konnte, hatte Flocki eine Schlaufe um den Hals und wurde mit einem Kälberstrick am Gepäckträger angebunden. Als der Mann umdrehte und losfuhr, blieb dem armen Hund nichts anderes übrig, als neben dem Fahrrad herzulaufen. Noch einmal hätte er sehnsuchtsvoll zurückgeschaut.

Seit jenem Unglückstag blieb Flocki verschwunden.

(Weitere **ZEITGUT**-*Beiträge dieses Autors sind am Buchende vermerkt.)*

[Freienseen, Gemeinde Laubach am Vogelsberg,
Hessen;
1949]

Florentine Naylor

Die Gouvernante

Krach im Hühnerhof! Alle meine weißen Hennen und ihr junger Hahn haben sich im Stall versammelt. Sie geben dort offenbar einer tiefgefühlten Entrüstung Ausdruck, und es wird immer lauter. Als ich mich endlich entschließe einzuschreiten, stieben die Tiere auseinander, bis auf eine Henne, die eisern auf dem Nest verharrt. Natürlich – die Gouvernante! –

Die Gouvernante ist nicht nur mein ältestes Huhn, sondern auch eine Persönlichkeit. Von unseren ersten Hennen blieb sie allein übrig, weil Hans plötzlich keine Tiere mehr schlachten konnte. Nach den harten Kriegsjahren war es ihm anfangs nicht schwergefallen, Hühnern den Garaus zu machen. In Rußland war es lebensnotwendig, so etwas zu können. Man hatte sich nichts dabei gedacht. Aber jetzt sind wir in Hessen und die Hühner „Familienmitglieder". Wir haben sie großgezogen und uns ihre Eier schmecken lassen. Die veränderten Verhältnisse beeinflußten seine Empfindungswelt, und ich bin zufrieden. So blieb das schöne, weiße Leghuhn am Leben und hat nun schon drei Jahre nacheinander die flaumig gelben Küken ausgebrütet, aus denen uns inzwischen ein kleiner Hühnerhof herangewachsen ist.

Ehrlich gestanden, hielt ich diese Henne für eine alte Jungfer, von der ich glaubte, daß sie uns mit Brutgelüsten verschonen würde. Ich hatte bereits erfahren, was für harte Maßnahmen ergriffen werden müssen, wenn sich Hennen unerwünsch-

Tierliebe fängt schon früh an: Töchterchen Evelyne füttert unsere weißen Legehennen.

terweise zum Brüten entschließen, und es war mir eine Qual, auch nur daran zu denken, sie mit dem Bauch in kaltes Wasser stecken und tagelang im Sack an die Decke des Stalles hängen zu müssen.

Die Gouvernante erweckte in mir den Eindruck, etwas unterkühlt zu sein, denn sie stolziert auf hohen, gelben Beinen, die Füße auswärts spreizend, durch den Hof und scheint mit pedantischer Sorgfalt auf die Wahl der zartesten Kräuter und der schmackhaftesten Körner bedacht. Ihr schneeweißes Gefieder sieht aus, als achte sie auf peinlichste Sauberkeit, und ihr schmaler, bissig wirkender Schnabel erinnert an die sprichwörtliche „spitze Zunge". Der große, rote Kamm, der ihr weich über das rechte Auge fällt, wirkt wie ein Hut, der eher auf schrulliges Wesen schließen läßt.

„So, wie sie aussieht, stelle ich mir die Erzieherinnen meiner Großmutter vor", sagte ich eines Tages zu meinem Mann.

„Weißt du, diese Damen, die früher gern ins Haus genommen wurden, um den Kindern Englisch und Französisch beizubringen."

„Eine Gouvernante, meinst du?" fragte er.

„Ja, eine Gouvernante!" Und dabei blieb es.

Wer aber beschreibt unser Erstaunen, als sich Ende Juli ausgerechnet dieses Huhn – nicht „die kleine Frau" oder das gutmütige „Dickerchen" – nein, die Gouvernante zum Brüten entschloß. Sie saß eisern die angemessene Zeit auf den Eiern und schien genau zu wissen, wie man Mutter wird. Sie wärmte, wendete und belüftete, sie machte nichts schmutzig oder kaputt und half den Kleinen sorgfältig ins Leben, sobald sie sich durch ein kleines Loch in der Eierschale bemerkbar machten.

Dann führte sie die Küken aus. Und wie sie führte! Mit der ganzen Gewissenhaftigkeit ihrer pädagogischen Wesensart, mit der ganzen Selbstaufopferung wirklich guter Mütter liebte sie, pflegte und schützte. Hunde und Katzen, gleichgültig welcher Größe und Absichten, ja, sogar Menschen schlug sie in die Flucht. Einmal schaute ich zufällig

Evelyne schaute den Hühnern gern beim Scharren und Picken zu.

aus dem Fenster zu meinen Hennen hinüber, als ein Sperber auf den hohen Zaun des Hühnerhofes niederstrich. Es war kaum zu glauben, wie geistesgegenwärtig sich die Gouvernante niederfallen ließ und die Küken unter ihr schützendes Gefieder rief. Alles ging so schnell, daß der Vogel keine Chance bekam. Ohne einen Anflug von Angst zu zeigen, hielt die Glucke den stechenden, gelben Augen des Greifvogels stand und gab nicht eher Entwarnung, bis er enttäuscht davongeflogen war.

Ein anderes Mal stand sie lockend und jammernd vor dem großen Wassernapf, in den eines ihrer Jungen gefallen war. Sie vollführte einen solchen Verzweiflungstanz rund um den Wassernapf, daß alle anderen Hühner aufmerksam wurden und gackerten, bis ich das Gezeter hörte. Es freute mich, daß ich gerade noch rechtzeitig eingreifen konnte. Unsere gute Henne ließ sich sofort an Ort und Stelle auf das nasse, entkräftete Küken nieder und stand nicht eher auf, bis es erholt, trocken und flaumig wieder zum Vorschein kam. Wenn ich doch auch immer so genau wüßte, was ich im richtigen Augenblick zu tun habe! –

Nun aber herrscht Krawall im Hühnerstall. Als ich den kleinen Raum betrete, stehen die Hennen der letzten Brut Amalie, Beate, Cäcilie und Dora um die Gouvernante herum, die anscheinend schon einige Zeit das einzig behagliche Nest mit Beschlag belegt. Die nachkriegsbedingten Verhältnisse haben sich bei uns insofern auch auf den Hühnerstall ausgewirkt, als ich nur ein einziges sogenanntes Legeei aus Gips besitze. Dieses aber scheint absolut erforderlich zu sein, um sich beim ernsten Geschäft des Legens wohlzufühlen. Für alle Hühner kommt immer nur das Nest mit diesem Ei in Frage, obgleich noch zwei andere Stellen zur Verfügung stehen.

Als alle Hühner vor mir davongelaufen sind, gehe ich zur Gouvernante und frage höflich, wie weit sie denn sei. Aber sie verkennt meine gute Absicht. Empört schreit sie auf und duckt sich mit gespreizten Nackenfedern nur tiefer in das Nest. Verzagt und nachdenklich verlasse ich den Stall.

Kurz darauf ertönt der Lärm aufs Neue, nur wesentlich stärker. Wieder kommt der Hahn gelaufen. Ich sehe seine Schwanzfedern gerade noch aus dem kleinen Eingangsloch hervorwehen. Alles umzetert ihn. Stumm und gebieterisch dreht er sich um, so daß ich nun den Kamm sehe. Aber das Weibervolk gibt keine Ruhe. Da wendet er sich würdevoll ab und tritt zurück in den Hof. Er kräht, reckt sich, schlägt mächtig mit den weißen Flügeln und gibt sich den Anschein des Siegers. Dann sinkt er in sich zusammen, wird zierlich, glatt und schmal. Resigniert pickt er ein Sandkörnchen auf, was dem menschlichen Achselzucken gleichzukommen und zu heißen scheint: „Bedaure, meine Damen, aber sie kennen ja die Frau Mama."

Ja, das ist wahr. Alle kennen die Gouvernante, und sie kennen die Tragik im Leben des jungen Hahnes. Seine Mutter sieht in ihm nichts als das Kind. So oft er sich ihr stürmisch werbend genähert hat, ist er mit grobem Gegacker vertrieben worden, was in menschliche Sprache übersetzt wohl bedeutete: „Dummer Junge! Was fällt dir ein!?"

Vergeblich ist er ihr nachgerannt. Er hat es höflich, er hat es wütend versucht. Ja, manchmal glaubte er sogar, sie einfach überrumpeln zu können. Aber nie war es geglückt, und so schritt er auch jetzt als Verlierer davon.

Ich bin beeindruckt von der Persönlichkeit unserer Gouvernante, die wieder einmal konsequent und überzeugend das Nächstliegende tut. Das bringt mich auf den Gedanken, das auch meinerseits zu tun. Ich eile, hole zwei hartgekochte Eier und gestalte auch die anderen Nester einladend und reizvoll.

Kurz darauf ist Ruhe im Hühnerstall, und eine Stunde später kann ich fünf Eier einsammeln. Alle sind angenehm temperiert. Nur das Gipsei bleibt kalt zurück. Hoffentlich werden bald irgendwo wieder einmal Gipseier angeboten.

[Freienseen, Gemeinde Laubach am Vogelsberg,
Hessen;
1950]

Florentine Naylor

Erinnerungen an Lumpi

Mittäglich still brütet das Land in glühender Sonne. Ich komme müde von einem Gang durchs Dorf zurück und bleibe eine Weile aufatmend stehen, als ich Lumpi zusammengerollt zwischen den Zuckerrüben schlafen sehe. Ein wohltuendes Bild. Ich habe das Gefühl, daß etwas von der Ausgeglichenheit dieser schlafenden Katze auf mich übergeht.

Lumpi, du Liebe! Du immer zufriedener, fröhlicher Kamerad. Du bist es wert, daß ich dein Wesen schildere und dich lobe. Über drei Jahre lebst du schon bei uns. Nie warst du unsauber, nie hast du gebettelt oder gar gestohlen. Du verstehst eine Rüge ohne Worte, meine Liebkosung spürst du im flüchtigen Blick. Du weißt, wann mir deine Wärme auf dem Schoß wohl tut und fragst doch immer erst mit den Augen, ob du heraufspringen darfst. Du duldest die festen kleinen Hände meiner Tochter mit unbegreiflicher Langmut und schmiegst dich gelassen in den Arm meines Mannes, wenn er dich zur Melodie eines Swings durchs Zimmer wiegt, das zierliche Pfötchen in seiner großen Hand. Du lehrst mich, wie wichtig es ist, sich dem Augenblick hinzugeben, vertrauensvoll, ruhig und ohne Vorbehalt. Das scheint ein wesentlicher Faktor der großen Harmonie zu sein, die du mir vorlebst.

Als Frühlingskätzchen mußt du geboren worden sein. Ich fand dich im Herbst. Wahrscheinlich hat dein Liebreiz dir das Leben gerettet und deine Pflegeeltern veranlaßt, dich

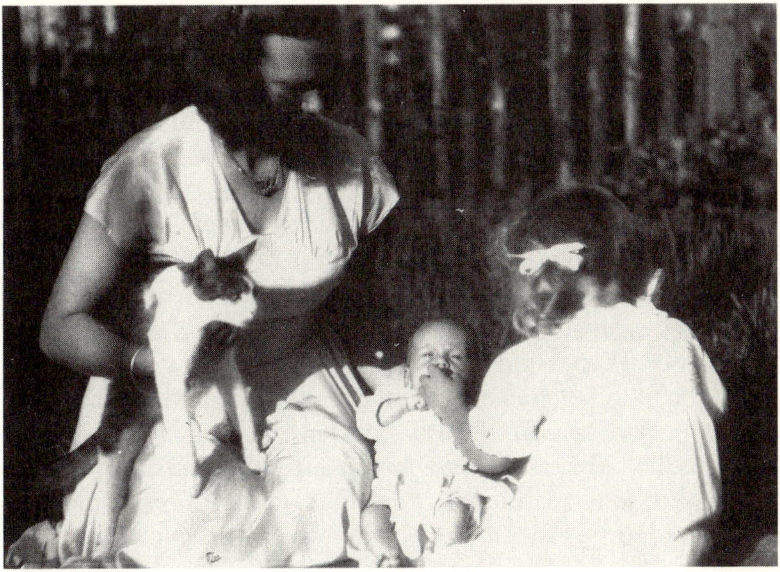

Meine Töchter und ich mit unserer lieben Katze Lumpi im Arm.

im Wartesaal eines kleinen Bahnhofs deinem Schicksal zu überlassen. Deine Heimatlosigkeit machte dir wenig Sorgen. Ein dahergewehtes Stück Papier genügte, um dein spielfreudiges Gemüt zu begeistern, und für ein kleines Stück Käsebrot sprangst du mir schnurrend auf den Schoß. Ich war einsam und fühlte mich beschenkt, als der Bahnhofsvorsteher mich bat, dich mitzunehmen. Das ließ sich im Handarbeitsbeutel leicht bewerkstelligen, denn du warst ja noch klein. Die fast unmöblierten Räume unserer Nachkriegsbehausung schienen dich an den Wartesaal zu erinnern, und darum fühltest du dich bei uns gleich wie zu Hause.

Bald warst du mir Freude und Trost, wann immer ich dich sah. Ich konnte dir stundenlang bei deinen anmutigen Spielen zuschauen und begriff schon damals etwas von jener Kunst der Hingabe an den Augenblick. Du konntest alles beleben, was dein Interesse erweckte, Staubwölkchen und

Sonnenstrahlen, spiegelnde Fensterscheiben und baumelnde Handtücher, Wollflocken und Stuhlbeine. Selbst die steinernen Eingangsstufen schienen zu lachen, wenn du auf ihnen herumtolltest. Legtest du dich aber schließlich zur Ruhe, blieb die Zeit stehen. Alles atmete Frieden, den du ausstrahltest, und auch ich wurde still.

Alsbald übernahmst du die dir von der Natur übertragene Aufgabe und räumtest unter den unzähligen Mäusen auf, die durch die Ritzen im Mauerwerk in unsere Stuben schlüpften. Bei unserem damaligen Wohnraum handelte es sich um die vor das Waren- und Garnlager der Weberei gebauten Büroräume, die lange kein Mensch mehr benutzt hatte. Die Mäuse, denen die Wollsäcke und Garnkisten bisher als Lebensraum gedient hatten, waren auch bei uns ständig zu Gast. Nun ging es ihnen an den Kragen, und die wunderbare Eleganz deines grausamen Spieles war immer wieder faszinierend. Bei den herrlichen Sprüngen, Tänzen und Wirbeln vergaß ich oft beinahe, daß du liebend tötetest.

Man konnte dir nicht böse sein. Du erobertest die Herzen aller dich umgebenden Menschen im Sturm und bekehrtest selbst die verbohrtesten Katzenfeinde.

So wuchsest du heran in der Sonne unserer Sympathie, und die Dankbarkeit, die du dafür spüren ließest, war unsere Freude. Nie hörte ich eine Katze so viel, so lange und sich selbst daran erlabend schnurren, wie dich. Du danktest für jeden Leckerbissen mit deinem Spinnen, du danktest der wärmenden Sonne auf deinem Fell. Du danktest unseren Händen, unseren Blicken und danktest jeder stillen Stunde in unserer Nähe auf diese, deine Weise.

Ich konnte inzwischen feststellen, daß Kater den Liebreiz einer Katze anscheinend mit ähnlichen Maßstäben messen, wie wir Menschen, und es wundert mich nicht, daß du bald vielumworben warst. In deinem tiefen Vertrauen zum Menschen ließest du uns häufig an den temperamentgeladenen, kampfumtosten Szenen deiner Liebesfeste in unmittelbarer Nähe des Hauses teilhaben. Ich kannte bald alle deine Freier, und wir waren uns geschmacklich immer sehr verwandt. Du bewiesest ausgesprochene Treue und erwähltest meist den gleichen grauen Kater, der durch Kraft und Schönheit auffiel. Wo mag er hergekommen sein?

Eines frühen Morgens konnte ich ihn sogar beobachten, als er seine Sprößlinge durch flüchtiges Beschnüffeln in Augenschein nahm. Er war dir ins Zimmer gefolgt, und du schienst ihm die Kleinen mit einem gewissen Stolz zu zeigen, bevor du ihn wieder hinauskomplimentiertest. Seine Vaterschaft war unverkennbar.

In diesem Zusammenhang muß ich erzählen, daß Lumpi eine ‚Schabrackenkatze' ist (Schabracke = Satteldecke). So zumindest nannte meine Mutter sie. Das heißt, sie ist weiß, trägt aber eine schwarz-grau-getigerte Satteldecke, die sich von der Stirn über den schmalen Rücken bis in den Schwanz erstreckt. Ein Zipfel des Schabrackenschmuckes fällt ihr über die Stirn und über das rechte Auge, so daß eines der Lichter aus dunklem, das andere aus hellem Grunde leuchtet. Der Schimmer ihres Felles glänzt, als sei er Ausdruck ihres sanften Gemütes.

Im Frühling, im Sommer und im Herbst wird unsre Katze Mutter, und das ist der einzige Punkt, in dem ich ihr manchmal Vorhaltungen mache. Ihre Fruchtbarkeit wird mir zur Qual, denn ich muß die von ihr geliebten Geschöpfe umbringen, wenn ich verantwortungsbewußt handeln will. Nachdem ich anfangs alle Jungen aufzog, lasse ich ihr jetzt von jedem Wurf nur einen Sprößling. Wenn ich sie alle wegnehmen würde, könnte ich ihre stillen Fragen und Nöte nicht ertragen. Ist sie aber Mutter, so ist sie es ganz und mit unendlichem Wohlbehagen. Keine, der von ihr erzogenen Katzen war nicht in Kürze sauber, keine erlernte nicht die bezaubernde Art des Spieles von ihr und fing nicht bald Mäuse so wild und sicher wie sie. Lumpi widmete den Kleinen all ihre Zeit, ihr ganzes Sein. Immer wurde der Nachwuchs in unserer Stube geboren und erzogen, so daß ich intensiv am Katzenfamilienleben teilhaben konnte. Als es mir wirklich einmal zu viel wurde und ich sie mit dem jüngsten Kater in den Schuppen verbannt hatte, brachte sie mir das Kleine, sobald es für einen gefährlichen Transport mit einigen gewagten Sprüngen aus hohen Fenstern kräftig genug war, an einem Sonntagmorgen wieder herein. Mit fragendem Maunzen legte sie es mir vor die Füße. Es war Muttertag. Wie konnte ich ihr die Bitte abschlagen?

Bald stand das Körbchen wieder in der vertrauten Ecke.

Wenn die Jungen groß genug sind, bringt Lumpi ihnen Mäuse mit und übt für die künftige Aufgabe. Sie sperrt Fugen und Löcher und schreibt von fern gurrend die Spielregeln vor. Am Ende teilen sich Mutter und Kind friedlich den „Braten“, wobei das Kleine den Vortritt hat. Lumpi wird jedesmal mit den Jungen jung, so daß ich meine inzwischen gesetzte Katze kaum wiedererkenne!

Das fällt sogar meinem Mann auf, und ich weiß nicht recht, ob ein Vorwurf hindurch klingt, wenn er die Katzenkinderstunde in beredten Worten bewundert. „Sieh nur Lumpi an! Was sagst du zu ihrer unvergleichlichen Geduld? Immer hat sie für die Kleinen Zeit, immer spielt sie mit ihnen, als gäbe es auf der Welt nichts Erfüllenderes als sie.“

Ja, Lumpi, ich billige dir zu, daß du mir auch hier ein Vorbild sein kannst. War es etwa eine stille Mahnung, es dir gleich zu tun, daß du mir neulich, nachdem ich den herangewachsenen Sohn zu seinem neuen Herrn gebracht hatte, am Abend noch eine Maus hereinholtest und sie ermunternd vor unsere anderthalbjährige Tochter legtest?

Du trugst sie ihr nach, brachtest sie immer von Neuem in den richtige Blickwinkel, schobst sie mit sanft lockenden Tönen auffordernd umher und ließest erst ab, als dich das völlig mangelnde Interesse ermüdete. Resigniert verzehrtes du den „Braten“ selbst.

Als wir in dieses Dorf zogen, gab es hier nur ein Geschlecht der Katzen, und das waren die „Rotbuntigen“. Ihr schwarz-weiß-rotbraun geflecktes Fell gefiel mir ebenso wenig wie ihr unattraktives Wesen. Aber die Bauern waren konservativ. Seit Jahrzehnten lebten auf ihren Höfen nur „Rotbuntige“, und die „Rotbuntigen“ waren in ihren Augen die Einzigen, die etwas taugten. Kein Wunder, daß ich nach Jahresfrist meine ersten getigerten Schabrackenkatzen recht kleinlaut anbot. Der Absatz ließ sich schwer und schleppend an. Wie konnte es anders sein?

Doch die Mäuseplage kam mir zur Hilfe und brachte meine Katzen nach und nach in Mode. Inzwischen ist Lumpi achtmal Mutter geworden, mindestens zehn kleine Kater habe ich untergebracht. Als ich eben durchs Dorf ging, schauten mich wohl zwanzigmal deine bernsteinfarbenen Augen aus grau getigerten Katzengesichtern an, meine Lumpi. Überall begegnete mir die sanftmütige, die kluge, die schöne zartgliedrige Schabrackenkatze. Das Erlebnis hat mich so erfüllt, daß mir dieses Loblieb wie von selbst in die Feder floß.

Eines muß ich dir, die du so friedlich zwischen den Zukkerrüben schläfst, noch sagen. Dein Name war eigentlich anders gemeint. Im Angedenken an meine noch nicht allzu weit zurückliegende Schulzeit und den interessanten Lateinunterricht hatte ich dich „Lumi“, das Licht, nennen wollen. Denn du hast mein Gemüt erheitert und warst mein Licht. Der ausgefallene Klang des Wortes aber fand in meiner Umgebung keinen Widerhall, und so wurde etwas daraus, das deinem Wesen nicht entspricht. Wenn auch niemand mehr weiß, daß ich bei deinem Namen an ein frohes, helles Licht gedacht habe, so bist du es in unserem Kreise doch geblieben, und ich hoffe, den Leser hiermit davon überzeugt zu haben, daß der ursprüngliche Name unsrer Katze wohl angemessen war.

[Spenge, nahe Herford, Nordrhein-Westfalen; 50er Jahre]

Margret Krah

Susi, Imi und Ata

Unsere Ziege „Susi"

Ziegen sind bekanntlich sehr neugierig. Unsere Ziege hatte ihren Stall direkt neben unserem Abort. Wenn man dort saß und ein wenig Ruhe haben wollte, erhielt man diese Ruhe nie. Unsere Ziege Susi kletterte an der Stalltür hoch und schaute neugierig zu. Das war für sie nicht schwierig, denn die Stalltür hatte nur die halbe Höhe einer normalen Tür. Zum Glück konnte Susi nicht über die Tür klettern, sie hätte das sicherlich gern getan. Einmal im Jahr brachte Großmutter unsere Susi zum Ziegenbock. Wir Kinder wußten nie, warum das notwendig war. Großmutter erklärte uns: „Die Ziege wird danach bald mehr Milch geben."

Wir sahen ein, daß ein Gang zum Ziegenbock wohl lohnend war. Uns fiel aber auch auf, daß Susi nach dem Besuch beim Bock einen penetranten Geruch an sich hatte. Es war der gleiche Geruch, den die Kinder der Familie, die den Ziegenbock besaß, auch an sich hatten. Sie wurden deshalb als Spielkameraden gemieden. Den Zusammenhang haben wir Kinder uns nie klarmachen können.

Wir freuten uns sehr, als Susi nach einigen Monaten zwei Lämmchen bekam. Jetzt gab sie auch sehr viel Milch, die täglich verarbeitet werden mußte. Etwas davon erhielten die beiden Lämmchen, den Rest unsere siebenköpfige Familie. Es gab nun verschiedene Milchgerichte: Milchsuppe mit Reis, mit

Das Foto zeigt zwei meiner Brüder, Ullrich und Jürgen (Mitte), sowie mich im heimischen Garten.

Nudeln, mit Grieß, mit Haferflocken und auch Mehlpfannkuchen. Als Getränk gab es für uns Kinder natürlich nur Ziegenmilch, sonntags allerdings „braune Milch“. Wir Kinder haben lange geglaubt, daß unsere Susi an besonderen Tagen Kakao gab.

Als ich das Gymnasium in Bielefeld besuchte, brachte ich gern mal eine Klassenkameradin mit nach Hause. Auch die Mädchen aus der Stadt liebten unsere Susi. Eigentlich taten sie mir immer leid, weil sie Ziegenmilch trinken mußten. Ziegenmilch schmeckt recht streng. Ich bat meine Mutter dann immer, meinen Freundinnen außer der Reihe mitten in der Woche Kakao anzubieten.

Die kleinen Lämmchen waren für uns Kinder willkommene Spielgefährten. Wir gingen mit ihnen an der Leine spazieren, wir schmusten mit ihnen und veranstalteten auf unserem Feldweg Lämmchenrennen. Aber leider hatten wir nicht lange das Vergnügen. Die kleinen Lämmchen mußten zum Schlachter gebracht werden. Für jede kleine Ziege gab es fünfzig Pfennige. Mein jüngerer Bruder und ich packten die beiden Lämmchen in einen Korb und stellten diesen hinten auf ein Fahrrad auf den Gepäckträger. Wir sollten bald schon großes Pech haben. Eine der lebhaften kleinen Ziegen sprang aus dem Korb und rannte auf die Straße. Schnell stellten wir das Fahrrad an einen Baum und fingen den flinken Ausreißer bald wieder ein. Heute bin ich nicht sicher, ob wir froh waren, die kleine Ziege zurück zu haben oder ob wir wegen der fünfzig Pfennige so schnell gerannt sind.

Susi wurde, wenn das Wetter es erlaubte, von Großmutter auf die Wiese gebracht und dort zum Fressen angepflockt. Eines Abends, als sie wieder ins Haus geholt wurde, war die Ziege so ungestüm, daß sie mit der Kette, mit der sie angebunden worden war, mehrere Male um Großmutter herumlief und sie zu Fall brachte. Mit einem gebrochenen Bein kam unsere Oma ins Krankenhaus und hat danach nicht mehr lange gelebt, aber auch Susi nicht. Eines Tages kam ein Mann mit einem Moped, schlachtete die Ziege, zog ihr das Fell über die Ohren, steckte das Fleisch in einen großen Rucksack, bedankte sich und fuhr mit seinem Moped davon. Das Ziegenfell blieb bei uns. Meine Eltern ließen es gerben. Ich erhielt es zur Erinnerung an Susi als Bettvorleger. Ich habe meine Füße lange Zeit nicht darauf stellen können.

Unsere Schweine „IMI“ und „ATA“

Meine Eltern kauften früher jedes Jahr zwei kleine Ferkel, fütterten sie im Laufe des Jahres groß und fett und ließen sie im Winter schlachten. Der Bedarf an Fleisch und Wurst war so für die große Familie für ein Jahr gesichert.

Wir tauften die beiden kleinen Ferkel auf die Namen „IMI“ und „ATA“; in den folgenden Jahren erhielten die neuen Ferkel immer wieder diese Namen. IMI und ATA waren früher in jedem Haushalt gängige Reinigungsmittel. Wir hielten diese Namen für unsere Schweine für sehr angemessen, denn sie sahen immer so sauber aus, als seien sie mit IMI und ATA gereinigt worden. Großmutter und Mutter hielten den Schweinestall sehr sauber, wechselten regelmäßig das Stroh, damit IMI und ATA ein trockenes und sauberes Lager hatten. Das schmutzige Stroh wurde durch ein kleines Türchen vom Schweinestall aus nach draußen auf den Mistfall geworfen. Bei gutem Wetter durften IMI und ATA hier draußen Schweine sein. An der frischen Luft fühlten sie sich besonders wohl. Das zeigte ihr Quieken und Grunzen.

Mit meiner Freundin Kathrin saß ich gern auf der Mistfallmauer. Wenn unsere Beine in der Luft baumelten und IMI und ATA hinter uns wühlten und schnauften, konnten wir uns herrliche Geschichten erzählen. Einmal sind Kathrin und ich von der Mauer herunter in den Mistfall gestürzt. Erschrocken stellten wir fest, daß wir nicht besser aussahen als IMI und ATA. Mein großer Bruder hatte nachgeholfen. Schadenfroh grinste er, als wir schmutzig, stinkend und vor Wut heulend ins Haus eilten und um Hilfe riefen.

(Weitere **ZEITGUT**-*Beiträge dieser Autorin sind im Autorenverzeichnis am Ende des Buches vermerkt.)*

[Hildesheim, Niedersachsen; 1951]

Liesel Hünichen

Astor und der Briefträger

Als ich Erika und Fred Friedrichs 1951, dem Jahr meiner Trauung, in Hildesheim zum ersten Mal traf, lernte ich mit ihnen zusammen auch Astor kennen. Astor war ein schöner, großer, hellhaariger Schäferhund. Er hatte mich damals mit Schwanzwedeln begrüßt und gleich Freundschaft mit mir geschlossen. Ich schließe daraus, daß meine Ausstrahlung, sprich Geruch, wohl für Schäferhunde eine sympathische und einladende Komponente haben muß.

An einem Sonntag kurze Zeit danach klagte Erika über Kopfschmerzen. Ein bestimmtes Medikament, das ihr sonst stets half, war nicht im Haus, und sie beklagte, auch morgen weder Zeit noch Gelegenheit zu haben, es sich zu kaufen. So fuhr ich tags darauf morgens bei Friedrichs mit dem Fahrrad vorbei und legte eine angebrochene Packung, die ich zufällig besaß, auf den Tisch in eines ihrer Zimmer.

Friedrichs wohnten damals in der Goslarschen Straße in einer alten Jahrhundertwendevilla mit einer an der Gartenseite angebauten, den Nachkriegsverhältnissen entsprechend ziemlich baufälligen verglasten Veranda. Die Verandatür war immer unverschlossen, auch die Tür zum Garten zugänglich. Astor brauchte ja Auslauf und war ein zuverlässiger Wachhund, wenn Erika tagsüber im Beruf und die Kinder in der Schule und anschließend bei Freunden waren. An jenem Tag in der Veranda war ich von Astor schwanzwedelnd begrüßt worden, hatte ihn kurz gestreichelt, die Pillen auf den Tisch gelegt und war wieder verschwunden.

Am nächsten Sonntag – wir hatten da immer unseren kleinen Jour Fixe – erzählte dann Erika von einem Mirakel: „Stellt euch vor, die Pillen, die ich unbedingt brauchte, lagen auf einmal auf dem Tisch. Dabei war ich ganz sicher, daß ich keine mehr hatte, und im Wohnzimmer lasse ich sie doch bestimmt nicht herumliegen!"

Als ich von meinem Besuch berichtete, erntete ich großes Staunen. „Das kann nicht sein! Astor läßt niemanden rein, keine Bekannten und auch nicht die Freunde der Kinder, wenn sie nicht dabei sind! Darauf ist er ja dressiert!"

Und dann bekam ich die Briefträgergeschichte zu hören, die sich vier Wochen zuvor abgespielt hatte. Das war so:

Erika arbeitete als Protokollführerin am Amtsgericht und ging meist nach Dienstschluß noch einkaufen. An dem besagten Tag hatte sie das nicht gemacht und war ausnahmsweise schon um 16 Uhr nach Hause gekommen. Und da saß in der Veranda auf einem Stuhl an der Wand ihr Briefträger!

Weil auf sein Klingeln nicht geöffnet worden war, hatte er durch die geöffnete Tür die Veranda betreten und dort das Päckchen auf den Tisch gelegt. Der Schäferhund hatte dagegen auch keinen Einspruch erhoben. Nur – als der Briefträger das Haus wieder verlassen wollte, hatte der Hund sich in der Türöffnung aufgerichtet, seinen Rachen weit aufgerissen, seine Eckzähne präsentiert und aus tiefer Kehle ein bösartiges Knurren von sich gegeben, so daß der gute Mann tieferschrocken zurückgewichen und auf einen Stuhl an der Wand niedergesunken war. –

Astor war ein besonders schönes, großes und kräftiges Tier. Ich erinnere mich, wie drei oder vier Jahre später mein Töchterchen Gesa unbedingt den lieben Astor an der Leine führen wollte. Doch es war eher so, daß meine Kleine an der Leine hinter dem Hund herstolperte, schließlich sein Tempo nicht mehr halten konnte und die Leine loslassen mußte. Sofort ergriff Astor die Flucht. Doch das sollte, wie gesagt, erst ein paar Jahre später passieren. –

Jetzt saßen wir bei Friedrichs und lauschten der Geschichte von Astor und dem Briefträger. Der hatte sich nach einer Weile von dem Schrecken so weit erholt, daß er einen neuen Ausbruchsversuch unternahm. Doch kaum hatte er sich ein wenig vom Stuhl erhoben, baute sich der Hund vor ihm auf, präsentierte das Raubtiergebiß und ließ ein unheilverkündendes Knurren hören. Das geschah immer wieder, wenn der Briefträger versuchte zu entkommen.

Nach zwei Stunden – es war inzwischen Mittag geworden, hatte der Beamte seine Tasche geöffnet, sein Mittagsbrot hervorgeholt und es brüderlich mit seinem aufmerksamen Bewacher geteilt. Doch wenn er gehofft hatte, damit seinen Wächter milde zu stimmen, hatte er sich geirrt. Bestechen läßt sich ein echter Wachhund nicht!

Zwar nahm er gnädig das angebotene Schmalzbrot entgegen und verschlang es hungrig, schnitt den Schmalzbrotstifter aber weiterhin vom Ausgang ab. Natürlich gestattete er seinem Gefangenen auch nicht, den Garten aufzusuchen, als dieser nicht die Flucht, sondern einen anderen, nicht weniger dringenden Grund dafür hatte.

Als Erika am Nachmittag nach Hause kam und voller Erstaunen ihren Briefträger auf einem Stuhl an der Wand vorfand, war der gute Mann so genervt und mürbe, daß er nicht einmal eine Schimpfkanonade von sich gab, sondern als erstes darum bat, schleunigst einen Ort aufsuchen zu dürfen, den wir heute vornehm als „Naßzelle“ bezeichnen. Im Anschluß daran verließ er eilig das ungastliche Haus. Seine Post war noch nicht ausgetragen.

Gefangene eines Schäferhundes zu sein, war mir erspart geblieben, weil Astor gerochen hatte, daß ich mit seinem Herrchen und Frauchen befreundet war. Meinen Mann Manfred behandelte er jedoch nicht so freundlich wie mich. Astor war ein ausgesprochener „Frauchen-Beschützer-Hund“, von dem man tatsächlich den Eindruck hatte, daß er alles verstand, was man ihm sagte.

Meine Freundin liebt Schäferhunde. Nach Astor kam ein paar Jahre später „Astor der Zweite“. Inzwischen lebt bei Erika die fast dreijährige Cilla, Schäferhund Nummer fünf. Es ist zum ersten Mal ein Weibchen. Auch sie schloß mich gleich spontan ins Herz. Cilla ist genauso klug wie ihre Vorgänger. Als sie mir auf den Schoß sprang, sagte ich: „Nein, laß das! Geh zu Erika!“, schaute sie mich aufmerksam an und machte kehrt.

Einmal übernachtete ich bei Friedrichs und hatte die Tür zu meinem Schlafzimmer offengelassen. Ich wachte frühmorgens auf, weil mir ein feuchter Waschlappen stetig über das Gesicht strich, der sich bei näherer Betrachtung als Schäferhundezunge entpuppte. Ich machte Licht und befahl: „Nun verschwinde aber zu Frauchen!“

Prompt machte Cilla kehrt und trottete ab.

Ob allerdings der gehorsame „Schoßhund“ Cilla ein echter Wachhund ist, wage ich zu bezweifeln. Vermutlich wird sie jeden ihr sympathischen Einbrecher freundlich und mit Schwanzwedeln begrüßen. Allerdings: Wenn ein Hund wie ein gefährliches Raubtier aussieht, kann der Einbrecher ja nicht wissen, daß es lediglich ein „Knuddelhund“ ist. Insofern ist Cilla für Erika, die jetzt ganz allein in ihrem großen Haus lebt, ein sicherer Schutz.

(Weitere **ZEITGUT**-*Beiträge dieser Autorin sind im Autorenverzeichnis am Ende des Buches vermerkt.)*

[Heilbronn, Baden-Württemberg;
1955]

Anneliese Popp

Schlüssel-Kind oder mein bester Freund

Beim Anschauen eines alten Fotoalbums fielen mir so manche Erlebnisse meiner Kindheit wieder ein.

Unser Haus lag damals noch weit außerhalb des Stadtrandes. Das hatte zur Folge, daß ich nicht nur einen sehr langen Schulweg von einer Dreiviertelstunde hatte, sondern auch keine Spielkameraden. Deshalb war unser Hund Rex, ein altdeutscher Schäferhund, der einzige Spielkamerad und mein allerbester Freund.

Ich war damals, wie viele andere auch, ein richtiges Schlüsselkind. Da meine beiden Eltern ganztags arbeiteten, trug ich an einer Schnur sowohl die Schlüssel vom Garten als den von der Haustür um den Hals. Wenn ich mich dann nachmittags all zu einsam fühlte und auch traurig war, ging ich zu meinem Rex und heulte mich dort aus. Da Weinen nicht nur erleichtert, sondern auch müde macht, schlief ich oft, den Arm eng um seinen Hals geschlungen, bei ihm ein.

Eines Tages arbeiteten Vater und ich weiter am Anbau unseres Hauses. Es sollte eine große Wohnküche werden. Aber es klappte mal wieder einiges nicht so, wie es sollte. Kurzum, Vaters Nerven lagen blank. Hier möchte ich einfügen, daß mein Vater seit 1940 durch das Eindringen von Granatsplittern, von denen einer nie operativ entfernt werden konnte, an einer Kriegs-Kopfverletzung litt. Deshalb war er an manchen Tagen schnell ungeduldig und gereizt. Ich sah schon

Mein Vater, unser Hund Rex und ich vor dem Brunnentrog. Links ist die Kellerdecke für unsere Wohnküche zu sehen.

seinen zum Schlag ausholenden Arm, und ging deshalb in volle Deckung. Aber was war das?

Ein Aufschrei, nein, nicht von mir, sondern von meinem Vater. Er hatte mal wieder vergessen, daß Rex frei im Garten herumlief und die Szene sehr gut beobachtet hatte. Ein Satz, und er hing am Oberarm meines Vaters und ließ sein Gebiß den Arm entlang gleiten. Gebissen hatte er nicht, aber seine Zähne hinterließen schöne rote Striemen zur Warnung.

Ein anderes Mal flog mein Vater, aus einem ähnlichen Anlaß heraus, rücklings in den mit Wasser gefüllten Brunnentrog. Zuerst fluchte er, doch dann mußte auch er lachen und sagte zu mir: „Du hast den besten Freund, den man sich nur wünschen kann."

Wie so oft, hatte ich mal wieder die Schlüssel verloren, entweder in der Schule oder auf dem Schulweg. Was nun?

Unser Garten war zur Straße hin mit einer Hecke versehen, und das Gartentor war nicht nur hoch, sondern auch von Rosen umrankt. Mir bot sich also keine Chance, darüber zu klettern. Guter Rat war nun teuer. Ich mochte nicht auf meine Eltern warten, die nie vor 18 oder 19 Uhr nach Hause kamen. Der Gedanke war nicht gerade erfreulich und zudem knurrte mein Magen schon ganz fürchterlich. Aber halt, mein Rex hatte doch ein Schlupfloch am Ende der Hekke gebuddelt!

Na also, wer sagt es denn! Wo ein Wille, da ist auch ein Weg. Zuerst den Schulranzen hindurch geschoben und dann hinterher gekrochen. So, nun war ich zwar im Garten, aber noch lange nicht im Haus. Ich nahm nun alle Türen und Fenster in Augenschein und hatte Glück. An einem Sprossenfenster war ein kleines Stück Scheibe ausgebrochen, gerade so groß, daß ich mit einem Draht hineinfahren konnte und so die Einfachverriegelung anheben und auf die andere Seite schieben konnte. Jetzt nichts wie rein und schnell nach den Ersatzschlüsseln gesucht, denn ich mußte ja die Haustüre aufschließen. Meinen Schlüsselverlust und den „Einbruch“ habe ich erst viel später gebeichtet.

So hatte mir mal wieder mein bester Freund auf seine Art geholfen.

Leider wurde Rex einige Zeit später von einem Hundehasser vergiftet. Der wurde zwar gefaßt und bestraft, aber das ersetzte mir nicht meinen besten und treuesten Freund.

(Weitere **ZEITGUT**-*Beiträge dieser Autorin sind im Autorenverzeichnis am Ende des Buches vermerkt.)*

[Clausthal-Zellerfeld im Harz, Niedersachsen; 1956]

Helena Unterstein

Der hupende Hund

Im Jahr 1956 konnten wir unser erstes Auto, einen VW-Käfer, anschaffen. Für unsere Familie, damals wir Eltern mit zwei Kindern und einem Hund, bedeutete das einen großen Gewinn an Bewegungsfreiheit. Jetzt war es möglich, bequem und schnell die Stadt hinter uns zu lassen und unsere weitere Umgebung zu erkunden. Auch mal Freunde oder Verwandte zu besuchen, war nun eine Kleinigkeit.

Nicht nur wir alle, nein, auch unser Hund schätzte diese Ausflüge sehr. Endlich konnte er sich einmal richtig austoben. Es kam aber auch gelegentlich vor, daß er allein im Auto auf unsere Rückkehr warten mußte. Dann sprang er sofort auf den Fahrersitz, denn er hatte schnell gemerkt, daß er dort einen besseren Überblick hatte. Bei einem unserer Sonntagsausflüge besuchten wir in der Mittagszeit ein Dorfgasthaus. Um Ärger zu vermeiden, ließen wir unseren Hund wieder einmal im Auto, wo er auch prompt auf den Fahrersitz sprang. Das Lokal war vollbesetzt, als in der Tür zum Gastraum ein Polizist in Uniform erschien. Sofort verstummten die Gespräche, während er laut fragte: „Wem gehört das Auto CLZ 117?"

Als wir uns meldeten, rief er: „Da holen Sie mal schnell Ihren Hund raus, der hupt dauernd!"

Die Gäste staunten bei dieser Mitteilung nicht schlecht. Wir aber wußten sofort Bescheid: Auf dem Fahrersitz wartend, war unser Hund einmal versehentlich mit der Schnauze an die Hupe gekommen, die damals beim VW auch funktionierte, wenn der Motor nicht eingeschaltet war. Als sie plötzlich laut ertönte, kam Herrchen wie ein geölter Blitz angerannt, um zu sehen, was mit Auto und Hund los war. Nachdem diese Kettenreaktion, Hupe berühren, lautes Tuten, heraneilendes Herrchen, noch mehrere Male erfolgreich gewesen war, hatte unser kluger Hund begriffen und setzte von nun an die Hupe immer öfter bewußt ein, wenn ihm das Warten zu lange dauerte. Allerdings hatten wir nicht damit gerechnet, daß sich unsere Einkehr wegen des vollen Lokals so lange hinziehen würde.

Der Wirt war so freundlich, unserem vierbeinigen Familienmitglied den Eintritt in sein Lokal zu gestatten. Unser Vater holte ihn und brachte ihn an unseren Tisch. Der Hund war froh, wieder dabeisein zu können, und benahm sich tadellos.

Einen hupenden Hund konnte es schon bald nicht mehr geben, denn dieses „Kunststück" wurde Anfang der 60er Jahre durch verbesserte Technik unmöglich: Die Hupe funktioniert seitdem nur noch, wenn der Motor eingeschaltet ist.

Sohn Michael mit unserem pfiffigen Hund bei uns zu Hause in Clausthal-Zellerfeld im Harz.

[Römhild, Kreis Hildburghausen, Thüringen; um 1960]

Doris Hochstrate

Flocki im Puppenwagen

Als ich vier Jahre alt war, bekam ich von meinen Eltern einen hochmodernen Puppenwagen geschenkt. Es war ein cremefarbener massiver Korbwagen mit verschiebbarem Verdeck. Im Februar, als ich Geburtstag hatte, war das Wetter nicht geeignet, um mit dem Puppenwagen spazieren zu fahren. Ich mußte auf den Frühling warten.

Als dann die Sonne endlich schien, die Wege wieder fest waren und die Vögel zwitscherten, durfte Klein-Doris das neue Gefährt nun endlich auch draußen benutzen. Da die Jungfernfahrt des Vehikels gerade auf einen Sonnabend fiel, an dem der Eichelberg-Festplatz eingeweiht werden sollte, hatten meine Eltern ein Problem.

„Nicht ohne den neuen Puppenwagen!“, beharrte ich. Die Puppe war klein und nicht so bedeutend wie die stabile Kutsche. Meine Eltern waren sich natürlich auch darüber im Klaren, daß ihre dickköpfige kleine Tochter den Weg bis zum Eichelberg nicht ohne besondere Motivation zurücklegen würde. Damals besaßen nur wenige Menschen ein Auto. So blieb ihnen nichts anderes übrig, als das Wägelchen auf seine Geländetauglichkeit zu überprüfen und die vier Kilometer zu Fuß zu gehen.

Anfangs schob ich stolz und zielstrebig meinen Wagen und plapperte munter darauf los. Doch bald wurde ich müde, und Papa mußte schieben helfen.

Endlich oben angekommen, erwartete uns ein gemütlich hergerichteter Festplatz im Grünen. Es gab Bratwurst, Limonade und Blasmusik. Ein gelungenes Frühlingsfest bei schönem Wetter!

Doch irgendwann mußten wir uns wieder auf den Heimweg machen, dem meine Eltern nicht ohne Sorge entgegen sahen. Das kleine Mädchen war müde vom Aufstieg und vom Feiern.

Frau Wehner, unsere Nachbarin, schloß sich uns auf dem Heimweg an. „Ob die kleine Doris das noch schafft, wage ich zu bezweifeln. So ein langer Gang bis Römhild und dazu noch der Puppenwagen!“, äußerte sie besorgt

Der Weg zog sich tatsächlich endlos in die Länge. Frau Wehner führte ihren Spitz Flocki mit sich, von dem sie sich nur selten trennte. Die Sonne schien noch kräftig und stach vom Himmel. Auf der staubigen Straße gab es kein schattiges Plätzchen. Langsam erlahmten meine Kräfte.

„Nur noch ein kleines Stück, dann helfe ich dir“, spornte Vater mich an.

Ich kam ins Schwitzen, und meine Schritte wurden langsamer. Endlich hatte Papa ein Einsehen und half beim Schieben der Kutsche, in der es unter dem Verdeck schön schattig zu sein schien. Wenn ich jetzt nur unter dem kühlenden Dach liegen und mich ausruhen könnte!

Sehnsuchtsvoll schaute ich auf die Kissen und das Deckbett in ihren roten Bezügen mit den weißen Punkten, zwischen denen das Püppchen wohlig schlief.

Unsere Nachbarin zog indessen ihren weißen Spitz hinter sich her, der im Staub der Dingslebener Straße an Glanz eingebüßt hatte. Auch an Energie schien er verloren zu haben. Es ging ihm wohl nicht anders als mir! Mit seinen kurzen Beinchen kam der wohlgenährte Hund nicht mehr so geschwind voran, wie seine Herrin es erwartete. Er zog an der Leine und blieb schließlich ganz stehen.

„Schluß, aus!“, knurrte Flocki und wurde zum Knurri.

„Flockele, lauf doch noch e Stückle", bettelte Frau Wehner. Doch ihr Liebling rührte sich nicht.

„Nimm ihn doch hoch und trag ihn ein Stück", riet meine Mutter.

Doch da wurde Emma wütend! Das ginge auf gar keinen Fall, es täte dem Hund weh. „Dann schnappt er nach mir!"

Ehe die Situation ins Ausweglose glitt, hatte Klein-Doris die rettende Idee: „Flocki kann doch in meinem Puppenwagen mitfahren!"

Kaum gesagt, schon getan. Emma Wehner hatte blitzschnell ihren dicken Liebling in den Wagen verfrachtet. So flink konnte keiner schauen oder Protest anmelden!

Der Ermüdete verkroch sich sofort unter dem Verdeck und rollte sich wohlig in die Kissen. Ich war begeistert. Nun hatte ich ein richtiges Baby in der Kinderkutsche! Daß es staubig und ein wenig groß geraten war, übersah ich großzügig.

Im Galopp ging es nun nach Hause. Meine Eltern staunten, woher ich auf einmal die Energie nahm, egal, wie weit es noch war. Nun hatte ich ein neues Ziel! Schlummernde Mutterinstinkte meldeten sich in mir. Es brauchte mir keiner mehr zu helfen, ich lief zur Hochform auf.

Die Erwachsenen schmunzelten, denn wieder einmal erkannten sie, daß das Zauberwort „MOTIVATION" bei Kindern Berge versetzen kann.

[Römhild, Kreis Hildburghausen, Thüringen; um 1960]

Doris Hochstrate

Walterle sein Spatz

Bei den Nachbarn hatte jemand Geburtstag. Ob es meine schwesterliche Freundin Marianne war, ihr Vater oder ihre Mutter, kann ich heute nicht mehr sagen. Ich gehörte jedenfalls zur Familie und war dabei. Hoch erfreut waren Marianne und ich, wenn die Verwandtschaft eintraf. Ihre beiden Cousinen und der jüngere Cousin brachten jede Menge Spielideen mit, die man in dem alten Römhilder Stadthaus, in dem die Familie wohnte, gut umsetzen konnte.

In der unteren Etage lebte Mariannes Tante Traudel, die in der Landwirtschaft tätig, vor allem aber etwas altjüngferlich, einfältig und sehr neugierig war. Sie wußte stets das Neueste aus der Stadt und war über jede Römhilder Familie gut informiert. Alles mußte sie ergründen und erfragen. Oft ging sie damit den anderen auf die Nerven und wurde untertönig „unsere Jungfer" genannt, und sogar die kleine Marianne schob sie öfter mal ungeduldig beiseite.

Heute spielte sich eine besondere Szene in Tante Traudels Küche ab. Hatte doch der kleine, als Tausendsassa bekannte Walter einen Schuhkarton unter dem Arm und – nachdem er von der Jungfer befragt worden war – geantwortet:

„Da is e Spatz drin!"

Hätte sich Frau Edeltraud nun mit der Antwort zufriedengegeben, wäre ihr viel Ärger erspart geblieben. Sie bezweifelte aber lautstark die Aussage des kleinen Gastes, der noch immer den Karton fest unter dem Arm trug: „Dos ko net gesei! Dos gläb ich der net! Wo söllst du denn 'n Spatz her hom?“*)

„Jo, Traudel, ich hab'n Spatz! Obs des glaubst oder net!“

DieTante aber wollte den Spatz sehen und sich mit eigenen Augen davon überzeugen, daß Walter sie nicht angelogen hatte: „Da koste n mer a zeichn! Sünst glääb ich dersch net!“

„Willste 'ne wirklich emal seh? Der is lewendig, paß auf“, warnte ihr Neffe sie, machte aber vorerst keine Anstalten, den Karton wirklich zu öffnen.

Die neugierige Verwandte jedoch versicherte noch einmal, Walter nicht zu glauben, wenn er seinen Spatz nicht auch vorwies: „Ich glääb dersch net, wennsten 'net zeichst!“

Doch alles Zureden hatte vorerst keinen Erfolg. Wir Mädchen amüsierten uns köstlich über das ungleiche Paar und die langwierige Diskussion.

Traudel verlegte sich aufs Bitten, da die Neugierde ihr keine Ruhe ließ: „Och, Walterle, zeich mir halt emal, was de in deim' Kästle host. Sicher kenn Spatz, oder?“

„Doch, freilich hab ich'n Spatz! Willst 'ne ma seh'n?“ lenkte der Junge plötzlich ein, öffnete rasch den Deckel des Schuhkästchens und – purr – flog wahrhaftig ein Vogel heraus!

Rundherum schwirrte er in Traudels Küche!

Das war ein Schreien und Rennen, ein Kreischen, Grabschen und Greifen! Niemand konnte den Piepmatz erhaschen. Der war so verstört und zugleich froh, seine Freiheit wiedererlangt zu haben, daß er in keine Falle ging.

Plötzlich landete er im dauergewellten Haar der Tante. Die kreischte laut auf und versuchte mit beiden Händen, den Spatz zu ergreifen: „Helft mir! Haltet ihn!“

Wir vier Mädchen konnten uns vor Lachen kaum noch halten. Hatte sie die Büchse der Pandora geöffnet, sollte sie diese auch wieder schließen!

---

*) In Römhild und Umgebung wird Fränkisch gesprochen.

Die Hetzjagd ging weiter, denn der Vogel war vom Kopf der Geplagten erneut gestartet. Die Rundreise begann noch einmal, begleitet vom Geschrei der Kinderschar: „Siehste, Traudel, hättst'n lieber zugelassen, den Kasten!"

Walterles Augen blitzten siegesbewußt. Purr – der Spatz flog gegen die weiße Gardine und blieb darin hängen. Eins, zwei, drei griff die Tante beherzt zu – und hielt das Tierchen in der Hand: „Da ist der Übeltäter! Her mit dem Karton!"

So schnell konnten wir gar nicht schauen, wie der kleine Kerl wieder im Kästchen verschwand.

„Siehste wohl, nun ist's vorbei mit der Übeltäterei!" zitierte sie siegesgewiß Wilhelm Busch.

Obwohl wir Mädchen das Treiben sehr belustigend gefunden hatten, waren wir jetzt wirklich froh über das Ende der Jagd. Wäre die Tür aufgegangen, wie leicht hätte der Vogel uns entwischen können! Oder er hätte die Gardine zerfetzt, um sich aus dem Garn zu befreien! Hätten Mariannes Eltern uns bei dem wilden Treiben erwischt, wären wir alle bei der Feier von unserem Kinder- an den Erwachsenentisch verbannt worden.

Doch eigentlich war ja die Neugier der ältlichen Tante an allem schuld. Deshalb schloß Walterle die Geschichte mit den vorwurfsvollen Worten ab: „Siehste, Traudel, un du hast mir's net geglaubt!"

Wie er allerdings überhaupt zu dem Spatz gekommen, auf welche Weise er ihn gefangen hatte, behielt er wohlweislich für sich.

Döhlen, heute ein Ortsteil von Markranstädt –
Böhlitz-Ehrenberg, bei Leipzig, Sachsen;
1960]

Günter Schmidt

Elke und das liebe Vieh

Ob Katzen, Hunde, Hühner, Enten, alle zog unsere Tochter Elke magisch an. Auch das Großvieh – Rinder und Pferde – hatte es ihr angetan. Sie war ein richtiges Bauernkind. Wenn wir unsere Arbeit im Stall erledigten, um das Vieh zu versorgen, Melken, Füttern und so weiter, mußte sie natürlich mitkommen. In der Wohnung hätte sie womöglich Unfug getrieben. War die Kälberbox leer, kam sie hinein und spielte mit den Katzen, die dort stets vollzählig vertreten waren, denn es gab hier immer Milch. Bald merkte Elke, daß die Kälbchen gern an ihren Fingern saugten, weil sie glaubten, auch die gäben Milch. Sie steckte dann ihre ganze kleine Hand in die Kalbsmäuler und hatte großen Spaß daran. Laut klang ihr Lachen über unseren Hof.

Jedes Jahr im Frühling holten wir von auswärts Küken, die für den Legehennennachwuchs sorgen und die Eierproduktion auch weiterhin sichern sollten. Auf unserem Motorrad mit Seitenwagen fuhren meine Frau und ich dann zum Geflügelhof Schlobach nach Böhlitz-Ehrenberg, um die bestellten Küken abzuholen.

Einmal war es ein regnerischer, windiger Apriltag. Auf dem Rückweg – wir waren noch reichlich zwei Kilometer von unserem Ort entfernt – sahen wir ein Kind auf der Straße laufen. Es hatte die Schürze über den Kopf gezogen und ging rückwärts gegen den Ostwind. Als wir an ihm vorübergefahren waren, glaubte ich, unsere Elke zu erkennen und hielt an. Meine Frau lief zurück – sie war es wirklich!

Gefragt, was sie hier suche, antwortete unsere Kleine: „Ich wollte euch entgegengehen, weil ihr die Küken holt!"

Damals war sie gerade vier Jahre alt. Es war ein großes Glück, daß wir sie aufgelesen hatten. Was hätte nicht alles passieren können!

Unsere Oma zu Hause hatte das Kind längst vermißt und sich große Sorgen gemacht.

Nun begann eine Zeit, in der Elke von den Küken kaum zu trennen war. Am liebsten hätte sie mit ihnen im Kükenhaus auf dem Hof geschlafen. Nach sechs bis acht Wochen waren sie prächtig gediehen und liefen frei auf dem Hof und im Garten herum. Oft saß Elke mitten unter ihnen und fütterte sie. Damals freundete sie sich auch mit einem ganz bestimmten Hahn an und redete nur noch von „ihrem" Gokkel. Keiner nahm das ernst, denn ein Tier sieht wie das andere aus. Unsere Hühner waren rebhuhnfarbige Italiener. Um Elke auf die Probe zu stellen, zeigte ich auf irgendeines und sagte: „Sieh mal, dort läuft dein Gockel!"

„Das ist er nicht", antwortete sie prompt und suchte, bis sie ihn gefunden hatte. Der Hahn ließ sich nur von ihr fangen.

Unser Töchterchen ging halbtags in den Kindergarten unseres Dorfes Döhlen. Ich habe oft beobachtet, daß der Gokkel vor dem Hoftor stand und auf Elke wartete, wenn sie mittags nach Hause kam. Sie nahm ihn dann mit ins Haus, und wenn es kalt war, bekam er einen Platz auf der Ofenbank oder auf dem Sofa, wo er schön zugedeckt auf der Seite lag und sich nicht rührte. Damit kein Malheur passierte, hatte sie ihm eine Windel umgebunden.

Wenn Elke einen Weg zu erledigen hatte, mitunter schickten wir sie zum Einkaufen in den Konsum, blieb das Tier unterdessen seelenruhig im Zimmer liegen. Sehr gern fuhr sie ihn auch im Puppenwagen aus. Im Winter wurde der Hahn von Elke in Decken gewickelt und auf den Schlitten gepackt, und dann ging es auf einen Spaziergang im Schnee durch das Dorf. Das konnte schon ein bis zwei Stunden dauern. Manchmal zog ihm Elke Puppenkleider an, mitunter ließ sie auch eines ihrer Puppenkinder auf seinem Rücken reiten, während er in unserer Küche umherstolzierte. Und der Hahn ließ das alles über sich ergehen, ja, es schien ihm sogar zu behagen.

Standen bei uns im Sommer die Türen offen, kam der Hahn an die Haustür und machte sich mit kollernden Lauten bemerkbar. „Gockel, komm rein!“, rief Elke dann, woraufhin man ein vernehmliches Tapp-tapp auf den Fliesen im Hausflur, den fünf Stufen zur Küche und weiter hören konnte, bis er in der Stube stand, wo wir beim Frühstück saßen. Nun bekam er Brot und Wurst, und wenn er satt war, trollte er sich wieder. Hatte Elke das Mittagessen nicht geschmeckt,

Elke und ihr Gockel waren die besten Freunde.

Der Hahn ließ sich von Elke vieles gefallen, ob auf dem Dreirad oder beim Puppenreiten auf seinem Rücken.

so machte ihr die Oma, ganz und gar unpädagogisch, aber die Güte selbst, immer ein Wurstbrot, wenn das Kind Hunger bekam. Elke rannte damit gleich wieder auf den Hof. Einmal hörte ich sie laut schreien und rannte sofort los, um zu sehen, was passiert war. „Der Gockel frißt meine Bemme!“, rief sie und hielt das angepickte Objekt der Begierde hoch über ihren Kopf.

Unser Opa sah es nicht gern, wenn sich Elke mit dem Hahn beschäftigte. Er fürchtete, er könne sie hacken oder kratzen. Deshalb schlug er sogar vor, das Tier zu schlachten. Doch es blieb am Leben, denn das hätten wir unserer Tochter nicht antun können.

Drei Jahre später glaubten wir alle, er würde sterben, denn er bekam einen beängstigend dicken Kopf. Oma jedoch wußte Rat: Sie kochte Kamillentee, mit dem Elke ihren gefiederten Freund liebevoll pflegte. Kaum zu glauben, aber er wurde gesund. Natürlich war die Freude groß!

Als dann nach vier Jahren doch sein Ende herangekommen war, wurde der Hahn von unserer Tochter ordentlich begraben. Elke hatte dazu meine Schlosserjacke angezogen und ihren toten Gockel auf eine Schaufel gelegt. So zog sie, gemeinsam mit ihrer Freundin Ute, in den Garten, wobei sie dem Verschiedenen zum letzten Gruß „Hänschen klein ging allein“ sangen. Im Garten wurde er bestattet und sein Grab mit Feldsteinen eingefaßt und mit Blumen bepflanzt. Elke hielt ihrem Freund auch nach seinem Tod die Treue. 15 Jahre lang pflegte sie sein Grab.

Elke fütterte ihren Liebling gern, aber er durfte sich nicht allein an ihrem Essen bedienen.

[Klam, Bezirk Perg, Oberösterreich; 1962]

Anneliese Pioch

Unser Reh, das Findelkind

Im vierten Jahr meiner Grundschulzeit hatte ich freiwillig die Aufgabe übernommen, eine wöchentliche Zeitung in unserem kleinen Ort Klam zu verteilen. Nach der Schule war das eine wunderbare Beschäftigung, denn die Häuser lagen mehr oder weniger weit voneinander entfernt, und auf dem Weg gab es so manches Interessante zu entdecken und zu beobachten.

An einem sonnigen Tag im Mai war ich mit meiner Aufgabe so gut wie fertig, nur eine Zeitung galt es noch zuzustellen an eine Familie, die in der Schlucht von Klam wohnte. Das Haus lag an einem Bach, der sich sein Bett im Laufe einer langen Zeit durch Granitfelsen gegraben und eine wildromantische Umgebung geschaffen hatte. Selten begegnete man einem Wanderer, die Natur konnte sich ungestört entfalten. An manchen Stellen stapelten sich die Granitblöcke bizarr übereinander und bildeten geheimnisvolle Figuren und Höhlen, die die Fantasie beflügelten.

Durch diese Gegend lief ich mit meiner letzten Zeitung, als ich plötzlich ein Rascheln hörte und gleich darauf ein Reh vor mir die Flucht ergriff. Wir waren sehr voreinander erschrocken. Das Tier stieß einen lauten Schrei aus, bevor es von dem Felsen sprang, auf dem es geruht hatte. Mich irritierte eine Blutspur, die es hinterließ. Aber dann entdeckte ich ein kleines Rehkitz, das absturzgefährdet am Rand des

Felsens lag – offensichtlich neugeboren, doch das konnte ich damals noch nicht erfassen. Ganz aufgeregt rannte ich zu meiner letzten Zustellstation. Da niemand zu Hause war, stopfte ich schnell das Blatt hinter das Fenstergitter und eilte zurück zum Felsen. Das Rehkitz war mittlerweile über Moospolster heruntergefallen und lag vor mir in den Brennesseln. Natürlich hatte ich Angst, daß es sich verletzt hätte und begann, es vorsichtig zu streicheln. Es war allerliebst. In meiner Begeisterung nahm ich es in den Arm und rannte mit ihm nach Hause.

Dort mußte ich von meinen Eltern erfahren, daß es keine gute Idee gewesen war, das Tierkind anzufassen und mitzunehmen. Ich sei gerade nach der Geburt vorbeigekommen und habe die Rehmutter verscheucht. Das betrübte mich sehr. Nun, vielleicht war ja noch nicht alles verloren. Ich solle es auf den gleichen Platz zurückbringen, schlugen die Eltern vor, und beobachten, ob die Rehgeiß zurückkäme und es versorge. Gesagt, getan. Meine älteren Schwestern begleiteten mich, und wir versteckten uns in einer nahegelegenen Mühle. Leider kam die Rehmutter nicht zurück.

Ich fühlte mich immer schuldiger und hatte Angst, das kleine Reh müßte nun verhungern. Deshalb bat ich unseren Vater, den Förster zu fragen, ob wir das Reh versorgen dürften. Ja, er erlaubte es!

Schnell mußte eine Babyflasche besorgt werden. Aber Kuhmilch verweigerte das Kitz, Kamillentee löschte den Durst, stillte aber nicht den Hunger. Irgend jemand kam auf die gute Idee, es mit Ziegenmilch zu probieren. Wir rannten zum Nachbarn, dessen Ziege wurde gemolken, und zu Hause trank unser Rehkitz die Flasche in vollen Zügen leer. Das war die Rettung!

Unser Rehlein fand in der Küche zwischen Wand und Anrichte einen geschützten Platz, von mir gut mit Heu ausgepolstert. Am liebsten hätten wir Kinder nun alle in der Küche geschlafen. Aber Mutter sorgte für realistische Verhältnisse.

Wir versprachen, uns gut um das Tier zu kümmern, es zu füttern und sauberzuhalten. Mit Letzterem waren wir Kinder wirklich gefordert. Wie sollte man einem Reh beibringen, nur auf einer bestimmten Stelle „zur Toilette“ zu gehen?

Das war unmöglich. Wir putzten, schrubbten, wienerten und gaben uns alle Mühe, um Mutter ja nicht zu verärgern und das Tierchen behalten zu dürfen.

Anfangs lag unser Findelkind ganz scheu auf seinem Plätzchen. Nur wenn es Hunger hatte, kam es hervor und mühte sich, auf seinen langen, noch wackeligen Beinen zu stehen. Ich mochte es von Herzen gerne und wurde auch von ihm als Ersatzmutter ganz und gar akzeptiert. Bald lief das Kitz mit, wo immer wir Kinder spielten – im Garten, auf der Straße, selbst beim Fangenspielen sprang es aufgeregt zwischen uns herum. Und wenn wir zum Schwimmen im naheliegenden Bach gingen, kam es auch mit.

Es gedieh prächtig. Wir holten täglich Ziegenmilch. Nicht lange, und es nahm von den frischen Gräsern im Garten. Und nicht nur diese!

Vaters Rosengarten wurde ein magischer Anziehungspunkt. Wir Kinder waren angehalten, die Rosen lieber im Garten zu bewundern und nicht in der Vase. Was kümmerte das aber unser Rehkind?

Es erkannte schnell die botanische Verwandtschaft zu Brombeer- und Himbeersträuchern und nahm genüßlich von den Blättern der von Vater emsig gehegten Rosen. Unser Vater war in einer Zwickmühle. Er mochte das Tier sehr und flehte es an, seine Rosen zu verschonen, aber bald standen im Garten blühende Rosensträucher ohne ein einziges grünes Blatt. Was für ein Anblick!

Im Laufe des Sommers bekam das Reh eine Hütte draußen im Garten. Dort ruhte es, bis wir Kinder morgens aus dem Haus gerannt kamen. Natürlich war der erste Gang zu ihm. Wir verbrachten viel Zeit miteinander, mein Findelkind und ich. Selbst bei einem Spaziergang im Wald wich

Anneliese mit ihrem Rehkitz.

es nicht von meiner Seite. Das sollte so bleiben, bis die Ferien zu Ende waren. Für mich stand ein bedeutender Schulwechsel bevor. Es war aus mit der gewohnten Freiheit und meinen täglichen Abenteuern in der Natur. Ich mußte nun in ein Internat in Linz, weil es damals in der näheren Umgebung unseres Ortes noch keine weiterführenden Schulen gab. Das war schrecklich. Der Abschied von meinem geliebten Tier, den Eltern und Freunden, aber auch von meinen wunderschönen täglichen Naturerlebnissen, fiel mir unendlich schwer. Auch das Reh vermißte mich. Anfangs verweigerte es seine Flasche, bis ich das erste Wochenende nach Hause durfte. Wir freuten uns so sehr, uns wiederzusehen!

Die Welt war für kurze Zeit wieder in Ordnung. Doch es blieb dabei: Von nun an konnten wir uns leider nur alle zwei oder drei Wochen sehen. Darüber war ich sehr traurig.

In meiner Abwesenheit ging mein Vater jeden Tag mit dem Reh spazieren. Abends vor dem Zubettgehen wurde noch ein ausführlicher Rundgang gemacht. Dabei konnte es über die Wiesen laufen, sich austoben, und kam doch immer wieder zu ihm zurück. Aus dem hilflosen Kitz war ein stattliches Tier geworden, gut genährt und schön anzusehen. Es trug ein dunkelrotes Halsband. Daran erkannten es die Menschen in der Umgebung und wußten, daß es zu uns gehörte.

Die Tage wurden kürzer, es wurde kühler, abends zog der Nebel in die Talebene. Es war November. Wie jeden Tag ging Vater mit unserem Reh abends über die Wiesen. Plötzlich sprang es um ihn herum – aufgeregt, er wußte gar nicht, was mit ihm los war –, und mit einem Sprung verschwand es im dichten Nebel!

Er rief es, wartete, ging den täglichen Weg mehrmals hin und her, aber von dem Reh war nichts mehr zu sehen. Ohne unseren Liebling ging er nach Hause. Das Tier schien sich wirklich von ihm verabschiedet zu haben und war seinen natürlichen Instinkten gefolgt. Als ich zum Wochenende davon erfuhr, konnte ich es nicht fassen. Alle Wälder der Umgebung durchsuchte ich systematisch, immer wieder rief ich es, aber meine Bemühungen waren vergeblich. Alle trösteten mich mit dem Gedanken, es habe wohl andere Rehe getroffen, in deren Gesellschaft es sich wohlfühle.

Wochen vergingen. Mittlerweile war richtiger Winter – kalt, und es lag viel Schnee. Eines Morgens sah ich im Garten frische Rehspuren. Die konnten nur von unserem Findelkind sein! Wahrscheinlich trieb der Hunger es wieder in die Nähe von uns Menschen. Wir legten reichlich Heu bereit. Immer wieder versuchte ich, nachts wachzubleiben, mich hinter der Gardine zu verstecken und zu beobachten, ob unser Tierchen wieder in den Garten kam. Es gelang mir nicht, es noch einmal zu sehen. Letztlich vertraute ich dem Trost der Eltern, daß es für das Tier wichtig war, wieder in der Natur zu leben.

Rehe auf einem abgeernteten Feld.

Es wurde wieder Frühling, der Sommer zog ins Land, als wir von einem Jäger aus unserem Ort hörten, er habe unser Reh öfter grasend am Waldrand gesehen. Das war eine gute Nachricht! Es schien ihm gut zu gehen. Ein weiteres Jahr später führte unsere Ricke sogar zwei Rehkitze. Unglaublich, das war toll! Sie hatte es geschafft, sich wieder in der Natur zurechtzufinden.

[Leer, Ostfriesland;
60er Jahre]

Wolfgang Absolon

Der Dackel Heidi

In meiner Kindheit lebte mit uns im Haus, auf dem gleichen Treppenabsatz und unserer Wohnung direkt gegenüber, die Familie Bruns. Die Söhne hießen Jan und Peter. Außerdem gehörte zur Familie ein Langhaardackel. Es war eine Hündin, die auf den Namen Heidi hörte. Meine zwei Brüder, ich, sogar unsere Eltern, wir alle liebten dieses Tier sehr. So kam es, daß Heidi mehr bei uns als bei Bruns war. Augenscheinlich empfand auch Heidi uns als ihre eigentlichen Besitzer und trollte sich nur noch nachts zum Schlafen ins Körbchen hinüber zu Bruns. Nachdem dies mehrere Jahre so gegangen war, brachte Frau Bruns schließlich auch das Hundekörbchen zu uns und meinte, es sei wohl an der Zeit, daß wir nun den Hund ganz, mit ihm aber auch die Hundesteuer, übernähmen. Wir waren froh, daß Heidi jetzt richtig zu unserer Familie gehörte.

Im Laufe der vielen Jahre – unser vierbeiniger Liebling wurde sechzehn Jahre alt – bekam der Hund immer neue Namen von uns. So nannten wir ihn einmal Willi, weil zu der Zeit gerade der Karnevalsschlager „Willimann am Killiman, am Kilimandscharo“ gesungen wurde, aber auch Kerlie und Bussi oder Schnüfferl wie der Fuchs aus der Muminfamilie von der „Augsburger Puppenkiste“, dem Marionettentheater aus dem Fernsehen.

Heidi war ein toller und sehr intelligenter Hund. Er konnte aber auch unglaublich dickköpfig und stur sein, wie es

Dackel nun einmal sind. Sie hatte die Angewohnheit, sich alles, was sie gern fraß, zu schnappen und zu verschlingen, oft ohne es überhaupt zu kauen. Waren es jedoch Sachen, die sie nicht so gerne mochte, Käserinden zum Beispiel, so wurde darauf ausgiebig herumgekaut.

Eine Vorliebe hatte das Dackelfräulein für Haribo-Lakritzschnecken, die mein Vater immer in der Jackentasche trug und von denen er ihr mehrfach am Tag ein Stückchen abrollte und zureichte. Ungewöhnlich war sicher auch, daß Heidi rohe Kartoffeln und Möhren liebte. Wenn meine Mutter ein Hähnchen in der Küche auftaute, so wurde der Vogel von Heidi bewacht in der Hoffnung, er würde vielleicht ja doch einmal vom Tisch auf den Boden fallen. Ja, Heidi war eine Persönlichkeit mit eigenem Willen!

Aber da wir, wie bereits gesagt, dieses Tier über alles liebten, durfte es auch fast alles – sogar mit ins Bett. Jeder von

Wir Kinder liebten Nachbars Langhaardackel Heidi sehr – und er uns.

uns Jungen wollte den Hund für sich allein haben, aber der entschied sich grundsätzlich für Udo.

Uniformen – ein rotes Tuch

Was Heidi gar nicht mochte, waren Uniformen. Egal, ob Postbote, Feuerwehrmann, Polizist oder Soldat – alle wurden wütend verbellt und, wenn möglich, auch mal gern ins Hosenbein gebissen. Doch es gab noch eine Steigerung für die Wut unseres Dackels: uniformierte Radfahrer. Dann war er außer sich und versuchte, mit seinen kleinen Beinen den Radfahrern hinterherzulaufen. Klappte dies nicht mehr, wußte das schlaue Tier sich Hilfe zu holen. Es stieß dann einen ganz bestimmten Laut aus, der kein richtiges Bellen war, aber ein eindeutiges Signal, das Lumpi auf den Plan brachte. Das war der Hund unseres Nachbarn, des Gastwirts Andres. Von der Rasse her ein Jagdhundmix sah Lumpi aus wie ein Kalb, genauso schwarz-weiß gefleckt und auch fast so groß. Lumpi, der natürlich ein ganz anderes Tempo vorlegen konnte als der kleine Dackel, fegte dann statt Heidi hinter den radelnden Uniformträgern her. Die Radfahrer legten sich immer richtig ins Zeug und traten mächtig in die Pedale, um dem Vieh zu entkommen. Unser Dackel aber ging fröhlich kläffend und mit hocherhobener Rute in gemäßigterem Tempo hinter Lumpi her und fühlte sich als der Größte.

Als Udo dann bei der Bundeswehr war und in seinem ersten Heimaturlaub nach Hause kam, hatte Heidi ernste Probleme. Was nur machen? Die verhaßte Uniform verbellen, wie sie es immer tat, oder sich über Udo freuen?

Der Hund mußte richtig mit sich ringen, aber als Udo ihn ansprach und freundlich begrüßte, war es um ihn geschehen und er freute sich riesig. Fortan durften Soldaten an unserem Haus vorbeimarschieren und wurden mit Schwanzwedeln begrüßt. Andere Uniformträger wurden allerdings weiterhin nicht akzeptiert.

Unzertrennliche Freunde: Mein Bruder Udo und ich mit unserem Dackel Heidi.

Nachbarhund Lumpi mochte unsere Heidi sehr und hätte wohl eigentlich auch gern mit ihr Nachkommenschaft gezeugt. Nur anatomisch gab es da einige Schwierigkeiten. Deshalb hielten wir alle es für ausgeschlossen, daß je so etwas passieren könnte. Weit gefehlt, wo ein Wille ist, ist bekanntlich auch ein Weg!

Wir Kinder hatten vor dem Laden unserer Eltern, der sich im gleichen Haus wie unsere Wohnung befand, während der Winterzeit Schnee aufgetürmt, um dann mit dem Schlitten wie auf einer Rutsche herunterfahren zu können. Wie sich erwies, hatten wir damit dem verliebten Hundepaar die ersehnte Gelegenheit gegeben. Denn die Plattform war genau in der richtigen Höhe. Unsere Heidi stand darauf und Lumpi konnte von hinten „Gas" geben. Als später die Welpen geboren wurden, gab es recht seltsame Mischlinge: Dackel mit viel zu langen Beinen und Jagdhunde mit Dackelpfoten.

Wir konnten sie nicht selbst behalten. Durch einen Aushang im Laden haben sich viele Kunden gefunden, die die Welpen nach acht Wochen aufgenommen haben. So konnten wir fast alle Tiere noch oft sehen.

Wenn Heidi danach war, legte sie sich mitten auf die Kreuzung von Osse- und Hohe-Ellernweg, auch damals durchaus schon reichlich befahrene Straßen. Es interessierte sie überhaupt nicht, daß die Autos scharf bremsen mußten, teilweise kräftig hupten, um dann mühsam um sie herum zu kurven.

Zur Winterzeit machte sie es sich am liebsten vor der Gasheizung bequem, die im Wohnzimmer den alten Kohleofen ersetzt hatte. Den schwarzen Heizungskörper umgab ein goldfarbenes Schutzgitter mit einer Marmorplatte obenauf. Unser Hund preßte sich mit dem ganzen Körper gegen dieses Gitter; stundenlang konnte er so daliegen. Es war dann nicht möglich, das Fell anzufassen, so heiß war es. Ich verstehe bis heute nicht, wie der Hund das aushalten konnte. Ins Fell hatte sich das Muster des Gitters schon eingebrannt!

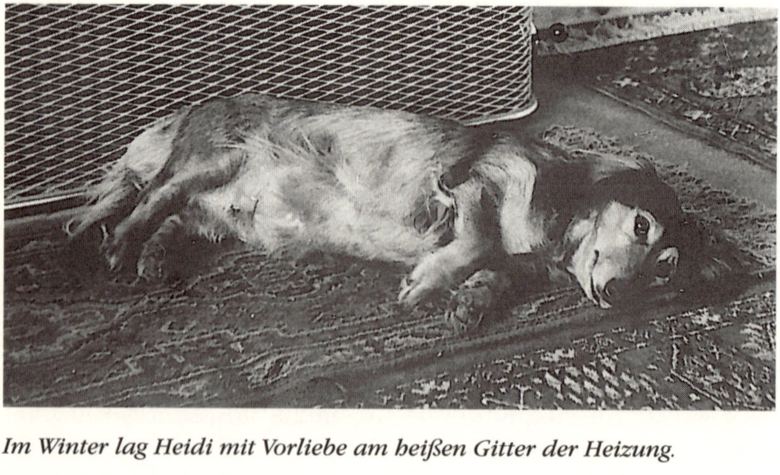

Im Winter lag Heidi mit Vorliebe am heißen Gitter der Heizung.

Täglich ging mein Vater abends, so gegen 22 Uhr, noch einmal mit dem Hund nach draußen, um danach die Haustür zu verschließen. Bevor er auch nur aus seinem Sessel aufgestanden war, gerade mal seine Brille abnahm und die Bügel einklappte, stand Heidi bereits an der Korridortür. Das Zusammenlegen der Brillenbügel nahm sie freudig als Signal, daß noch einmal ein Spaziergang gemacht würde. So ging es mehrere Jahre, bis mein Vater sich eine neue Brille zulegte. Die konnte er ruhig mehrfach zusammen- und wieder aufklappen, der Hund rührte sich nicht. Erst wenn er dann aus Spaß mit der alte Brille dasselbe tat, rannte Heidi wieder an die Tür. Sie hatte eben ein viel feineres Gehör als Menschen und war nur auf diesen einen Laut geeicht, der mit Vaters ausgedienter Brille entstand.

Der konfirmierte Hund

Die tollste Story ist allerdings die Geschichte vom „konfirmierten Hund". Leider habe ich sie nicht selbst miterlebt und erzähle sie deshalb so, wie ich es aus den Berichten der anderen Familienmitglieder weiß.

Als mein Bruder Udo konfirmiert wurde, gehörte der Hund noch der Familie Bruns. Weil ich krank war, mußte ich zu Hause bleiben, während Eltern und Verwandte in die Christuskirche gingen. Dort wurden sie von Herrn Joas, dem Küster, weit vorn auf den Seitenbänken platziert. Gemeinsam mit den anderen Konfirmanden würde Udo zu Beginn des Gottesdienstes in die Kirche einziehen und bis zu den für sie reservierten ersten Bänken schreiten. So war es geplant. Wer aber noch vor den Konfirmanden das Gotteshaus betrat, gerade als die Feierlichkeiten würdig beginnen sollten, war unsere Heidi. Sie hatte sich zu Hause aus dem Staub gemacht und war den Kirchgängern gefolgt. Pünktlich zum Einmarsch der Konfirmanden war sie da und stolzierte vor dem Pastor zur Kirche herein. Der Posaunenchor konnte daraufhin leider den Ton nicht mehr ordentlich treffen, weil die Mitglieder natürlich lachen mußten, als sie den Hund sahen.

Jetzt aber trat der Kirchendiener in Aktion. Unter persönlichem Einsatz, das Risiko, gebissen zu werden, nicht scheuend, fing er den Dackel, schnappte ihn beim Halsband und sperrte ihn in die Sakristei. Das glaubte er zumindest. Leider hatte er jedoch die Außentür des Raumes nicht verschlossen, und so kam der Hund nach einer Weile zum zweiten Mal zur Kirche herein und suchte seinen Udo. Weil Heidi freudig mit dem Schwanz wedelte, als sie in die Nähe meiner Mutter kam, fragte Herr Joas diese, ob das ihr Hund sei. Wahrheitsgemäß verneinte meine Mutter. Geglaubt hat der Küster dies natürlich nicht, und in einem Gotteshaus nicht zu glauben, ist schon schlimm. Hinzu kam, daß meine Mutter bei ihrer Antwort einen puterroten Kopf bekommen hatte. Mein elfjähriger Bruder Hartmut mußte dann den Hund am Halsband nehmen, da ja keine Leine zur Hand war, und Heidi nach Hause bringen. So konnte auch er nicht bei Udos Einsegnung dabei sein. Natürlich paßte ihm das gar nicht, er war wütend und wollte nicht verstehen, daß gerade ihn dieses Los getroffen hatte.

Abgesehen von dieser Geschichte, die ja im Nachhinein auch eher lustig ist, haben wir wirklich viele schöne Jahre mit Heidi gehabt. Später wurde sie sehr krank. Wir haben sie zwar noch operieren lassen, aber als sie 16 Jahre alt geworden war, blind und voller Krebs, konnte ihr keiner mehr helfen. Ich hielt sie in meinen Armen, als der Tierarzt sie einschläfern mußte. Sie hat nichts davon gespürt. Hinter unserem Haus habe ich sie im Garten beerdigt und dabei Rotz und Wasser geheult. Damals war ich ja selbst erst siebzehn Jahre alt.

Aus: Wolfgang Absolon, „De Kluntjeknieper", im Eigenverlag, 2004.

[Stuttgart, Baden-Württemberg;
1973–1984]

Karl-Heinz Sommer

Monsieur Grog vom Burgstuhl

In meiner Kindheit besaß ich nacheinander zwei Schäferhunde, die ich beide Rolf nannte. Das war noch in der alten Heimat. Es mußten dreißig Jahre ins Land gehen, bevor ich mir endlich wieder einen Hund zulegen konnte. Nach vielen Stationen quer durch Europa waren meine Familie und ich wieder in Stuttgart gelandet und fanden eine große Wohnung am Rande der Stadt. Wie einst im ostbrandenburgischen Reppen, das heute in Polen liegt, begannen hinter uns die Felder, weites freies Land, weshalb wir beschlossen, uns nun einen Hund zuzulegen.

Während meiner Jahre in Wien (1961 bis 1964) hatte ich den Jagdschein gemacht, darum kam jetzt natürlich nur ein Jagdhund infrage. Wir entschieden uns für einen Münsterländerwelpen, ein Hund mittlerer Größe. Diese Tiere sind in der Regel gutmütig, was für unsere drei Kinder wichtig war. Mit zwölf Wochen kam er ins Haus und alle, die ganze Familie, hatten viel Spaß mit ihm. Sein Name war Grog vom Burgstuhl. Grog wuchs zu einem prächtigen Rüden, einem Braunschimmel, heran. Er wurde in der Wohnung gehalten, so war er immer um uns, und der Kontakt zwischen der Familie und ihm wurde sehr eng. Das schärfte auch seine Intelligenz.

Tierwissenschaftler wollen festgestellt haben, intelligente Hunde – es gibt auch andere – würden im Laufe ihres Lebens lernen, etwa dreihundert Worte zu verstehen. Ob das tatsächlich stimmt?

Ich habe da meine Zweifel. Dennoch kann die Behauptung nicht ganz aus der Luft gegriffen sein. Wenn wir nämlich unter uns im Gespräch nur einmal Grogs Namen fallenließen, kam er sofort voller Erwartung herbei. Um dies zu vermeiden, beschlossen wir, ihn unter uns „Monsieur" zu nennen. Nach spätestens einer Woche hatte er mitbekommen, daß er damit gemeint war. Also sagten wir nur noch „M", aber es war sinnlos, nur ein paar Tage später hatte er auch das begriffen. Da gaben wir es auf.

Ein intelligenter Hund kennt, natürlich in beschränktem Maße, die Wochentage und sogar die Uhrzeit. Auch bei Grog war das so, wie zwei Episoden zeigen sollen: Seinerzeit war ich viel unterwegs. Deshalb ging an den Wochentagen stets meine Frau mit ihm raus, sie gab ihm auch sein Fressen. War ich aber zu Hause, so galt nur ich für ihn als Bezugsperson. Ich war gewissermaßen sein Leithund. Nach Grogs Verständnis war ich der Chef im Haus, aber gleich danach kam er. Nach Grog, so meinte er, folgte eine ganze Weile nichts, dann erst meine Frau und ganz weit hinten die Kinder. Verließ ich während der Woche morgens das Haus, so rührte er sich nicht vom Platz. Ging ich jedoch am Samstag oder Sonntag aus der Wohnung, war er sofort hinter mir. Er wußte, an diesen Tagen arbeitete Herrchen nicht und gehörte ihm.

Ganz schlimm war es, wenn ich als Richter zu Hundeprüfungen ging und mit Jagdkleidung das Haus verließ. Er lag dann den ganzen Tag vor der Tür und jammerte vor sich hin, bis ich am Abend zurückkam. Später glaubte ich, besonders raffiniert zu sein, wenn ich am Abend zuvor meine Jagdkleidung in die Garage brachte, am Morgen in Zivil die Wohnung verließ und mich in der Garage umzog. Sinnlos!

Grog merkte es trotzdem und machte den ganzen Tag das gleiche Theater.

An den Wochentagen brachte ich am Spätnachmittag die Post zum Briefkasten. Um 17.30 Uhr wurde er geleert. Also mußte ich mich gegen 17.15 Uhr auf den Weg machen, und

Unser Münsterländer Grog war ein außergewönlich kluger Jagdhund.

Grog ging natürlich immer mit. Ich konnte die Zeit nie verpassen, denn fast genau Viertel nach fünf stand der Hund neben mir und schaute mich groß an. Reagierte ich nicht, so stieß er mit seiner Schnauze auffordernd an mein Knie. Sagte ich dann „Ja, mein Guter, jetzt gehen wir“, sprang er freudig wedelnd voraus zur Tür.

Wenn es irgendwie ging, nahm ich Grog mit, in meiner Freizeit waren wir ohnehin unzertrennlich. Selbstverständlich gab es auch keinen Urlaub ohne ihn. Ich wählte nur Orte und Unterkünfte, in die ich Grog mitnehmen konnte.

Ein Jagdhund ist nur als solcher brauchbar, wenn er auch eine entsprechende Abrichtung erfahren hat. Die ist lang und manchmal hart, sie dauert bis zu zwei Jahre. Der Appell – der Gehorsam des Tieres – muß stimmen, und es dürfen hierbei keine Kompromisse gemacht werden. Der Gehorsam eines Hundes entscheidet im Extremfall über Tod und Leben. Wenn zum Beispiel bei einer Treibjagd ein Hund nicht pariert und an der Leine zerrt, kann sich unkontrolliert ein Schuß lösen. Während der zweijährigen Jagdhundeausbildung muß mindestens zwei- bis dreimal pro Woche gearbeitet werden. Einen Hund abzurichten, macht aber auch Spaß – für den Herrn und den Hund.

Die Jägervereinigungen unterhalten in der Regel eine Hundegruppe, in der die neuen Hundeführer für die Ausbildung ihrer Tiere angeleitet werden. Ich selbst war auch für einige Jahre als Abrichter tätig. Wir nahmen immer nur eine gewisse Anzahl Hunde an, ausschließlich Jagdhunde.

Zu einem Kurs erschien einmal ein Jäger mit einem dikken, unförmigen Hund, halb Mops, halb Dackel. Auf unsere Frage, was er mit diesem Hund wolle, gab er zur Antwort, den nehme er nur zur Sauenjagd; wenn der Hund nicht mehr wiederkäme, so wäre das ja auch kein großer Verlust. Er sah in dem armen Tier offenbar einen „Einweghund". Natürlich schickten wir diesen „Jäger" wieder fort, wir nahmen nur Jagdhunde an. Aber uns, die wir unsere Hunde alle sehr liebten, empörte auch sehr eine solche Einstellung, die wir keineswegs akzeptierten.

Öfter kamen Hundehalter zu mir und fragten, was sie tun könnten, wenn ihr Hund auf den Tisch springt und die Wurst auffrißt. Mein Tip: Stellen Sie eine einfache gespannte Mausefalle auf den Tisch und verbinden Sie sie mit einem Stück Fleisch. Meist bekommt der Hund nur einen gewaltigen Schreck, und Sie dürfen sicher sein, er springt nie mehr auf den Tisch. Eine Dame aus der Hundegruppe beklagte sich einmal bei mir, daß ihr Hund immer auf ihren schönen Sessel sprang, vor allem dann, wenn sie mit ihm vom Spaziergang kam und er schmutzige Pfoten hatte. Ich empfahl der Dame, sie möge eine entsprechend große Pappe nehmen, eine größere Anzahl von Reißzwecken, diese durch die Pappe drükken und dann die Pappe umgekehrt auf die Sitzfläche des

Sessels legen. Sie war empört, das tue ihm doch weh! Natürlich, das soll es auch, ein Hund verkraftet das aber leicht. Beim nächsten Hundeübungstag kam sie zu mir und bedankte sich überschwenglich. Sie habe sich doch durchgerungen, meinen Ratschlag zu befolgen, und wie von Zauberhand meide ihr Hund seitdem den Sessel.

Eine Zeit lang hatten wir zu dritt eine Jagd in Hohenlohe gepachtet, in der wir viele Wochenenden gemeinsam verbrachten, alle mit jungen Hunden von einem bis zu anderthalb Jahren. Wir wohnten oft in einem gemütlichen Gasthaus mit Mühle am Kocher – Kocher und Jagst, bekannte

Mein Sohn spielt mit dem jungen Hund.

Flüsse aus dem Lebenskreis des Götz von Berlichingen. Hier verbrachten wir wunderschöne Abende mit kräftiger Brotzeit und gutem Bier. Die Hunde hatten dann schon gefressen und lagen zufrieden unter der Bank. Vor dem Schlafengehen schickten wir sie im Sommer zum Baden noch einmal in den Kocher, und dann ging jeder mit dem seinen aufs Zimmer. Der Wirt war einverstanden.

Eines Abends, ich wollte gerade ins Bett, hörte ich ein lautes Schimpfen im Zimmer nebenan. Was war passiert?

Günther, einer unserer Jagdkameraden, hatte noch schnell eine Dusche genommen. Diese befand sich aber, wie häufig in den siebziger und achtziger Jahren, für alle Zimmer einer Etage am Ende des Flurs. Frisch geduscht, ein Lied pfeifend, kehrte Günther auf sein Zimmer zurück, öffnete die Tür – da traf ihn fast der Schlag: Sein nasser Hund lag im Bett und schaute ihn fröhlich schwanzwedelnd an!

Günther und der Wirt waren allerdings „not very amused". Teuer kam die Geschichte Günther außerdem. Wir aber hielten uns den Bauch vor Lachen. Bei Junghunden kamen solche Dinge schon mal vor, aber auch die werden recht bald erwachsen. Die Zeit vergeht ohnehin oft viel zu schnell, vor allem für Menschen, die ein geliebtes Tier zur Seite haben. Kaum hat man es sich angeschafft, sein Herz daran gehängt und schöne Erlebnisse mit ihm geteilt, ist das Leben eines Hundes vorbei. Fast zwei Jahre dauert die Ausbildung; mit acht, spätestens mit zehn Jahren, lassen seine Kräfte schon wieder nach. Im Schnitt endet ein Hundeleben mit etwa zwölf Jahren. Unser Grog war beinahe elf Jahre alt, als er Krebs bekam. Es gab keine Hoffnung mehr. Grog lag in meinen Armen, als ich ihn sanft vom Tierarzt in die ewigen Jagdgründe schicken ließ. Mit meinen Kameraden haben wir ihn im Garten begraben und über seinem Grab einen kräftigen Schluck Wodka getrunken.

(Weitere **ZEITGUT**-*Beiträge dieses Autors sind am Buchende vermerkt.)*

[Seehausen bei Leipzig, Sachsen;
1982–1999]

Bärbel Böhme

So ein Kasper-Theater

Wie ein großer Teil der Dorfbewohner hielten auch wir Haustiere. Schweine, Ziegen, Bullen, Kaninchen, Enten und Hühner sorgten in den siebziger und achtziger Jahren für einen Nebenverdienst. Außerdem war es ein befriedigendes Hobby.

In jedem Jahr brütete eine Glucke, und nach 21 Tagen schlüpften die winzigen Federbällchen. Stolz durfte die Henne ihre Kinder spazieren führen und sie natürlich auch zum Schutz wärmend unter ihre Flügel nehmen.

Eines Tages jedoch geschah etwas Merkwürdiges. Mein Mann rief mich, und wir staunten gemeinsam: Unter den Federn guckte ein seltsames „Küken“ hervor. Nicht Federn, sondern strubbelige Haare waren zu sehen. Auch kein gewöhnliches Piep-Piep war zu hören. Ein Kätzchen hatte sich wärmesuchend an die Glucke gekuschelt. Wie es dahin gekommen war, wissen wir bis heute nicht. Es war gefleckt in unterschiedlichen Brauntönen. Hübsch konnte man es wirklich nicht nennen, aber sein Überlebenswille nötigte uns Respekt ab. Da die Küken täglich frischgemolkene Ziegenmilch bekamen, hatte auch die kleine Katze gute Überlebenschancen. Wegen ihres Aussehens hatte sie ihren Namen schnell weg – sie war unser Kasper. Genau so frech behauptete sie sich gegenüber den Kükengeschwistern.

Schnell wuchs das Kätzchen heran und ging bald seine eigenen Wege. Nach ein paar Monaten war auch unser Rätsel

Wer hat sich denn da ins Vogelhäuschen veirrt? Unsere „Hexe" 1971.

gelöst, ob es ein Kater oder eine Katze sei. Kasper wurde rund und runder, wie eine Trommel mit dünnen Beinen. Eines Tages hatte sie Nachwuchs. Im Heu maunzten ihre Jungen, um die sie sich rührend kümmerte. So wurde unser Kasper im Verlauf der Jahre zur Ur-ur-ur-Großmutter vieler Katzen. Zwei davon leben immer noch bei uns. Um zu vielem Katzennachwuchs vorzubeugen, war später jeden Mittwoch Pillentag. Durch dieses Medikament wurde die Trächtigkeit ausgeschlossen. Kasper kümmerte sich nun ausschließlich um sich und ihren nie zu stillenden Hunger. Jeder Spalt, den die Haustür geöffnet wurde, reichte ihr, um an einen gefüllten Futternapf zu gelangen. Aber auch Ratten und Mäuse waren nie vor ihr sicher. Sogar als sie keine Zähne mehr hatte, wurden diese noch erlegt. Leider hat sie den nach der Wende stark zugenommenen Autoverkehr wohl unterschätzt. Sie erwartete ganz einfach, daß die Fahrer hielten, wenn sie sich seelenruhig auf der Straßenmitte putzte. Auch das ging einige Jahre gut, bis sie im Sommer 1999 diesen Leichtsinn mit ihrem Leben bezahlen mußte und unser tierisches Kasper-Theater damit geschlossen wurde.

[Bassum, Niedersachsen;
Weihnachten 1976]

Marietta Bremer

Das Christkälbchen

Ich war elf Jahre alt, als sich die folgende Geschichte zutrug: Wie immer am Heiligen Abend gingen meine dreiJahre ältere Schwester Silke und ich nachmittags um drei Uhr zur Kirche. Wir sahen so gern das Krippenspiel, das im Kindergottesdienst aufgeführt wurde. Und die Zeit bis zum Abend, ja, die verging auch gleich ein wenig schneller. Meistens bummelten wir auf dem Weg nach Hause, um in die Fenster der Häuser am Wege zu schauen. Bei vielen Leuten strahlten doch tatsächlich schon die Lichter am Tannenbaum! Das war immer zu schön.

Gegen halb fünf Uhr trafen wir wieder zu Hause ein. Schnell wurde die Stallkleidung – alte Hosen, Pullover und Jacken – angezogen und über den Hof gelaufen, in den Stall zu den Tieren. Dort tränkten wir die Kälber, halfen hier und da beim Füttern und sangen mit Mama Weihnachtslieder. Unser Papa grummelte sich dann etwas wie „albern" in den Bart und verschwand unter einer von unseren zwölf Kühen, wo sich sein Gebrumm mit dem der Melkmaschine vermischte.

Anna, eine von unseren Kühen, hatte mich schon die ganze Zeit beobachtet, ihr Kopf ging immer hin und her. Ja, sie hatte mich im Blickfeld und paßte auf, so gut es eben ging. Anna und ich, wir zwei verstanden uns und mochten uns sehr gern. Als ich dann endlich bei ihr stand, sie streichelte und mit ihr redete, rief Papa mich zu sich. „Guck dir mal deine Anna an! Fällt dir was auf?“ fragte er schmunzelnd.

Meine Anna war rund wie eine Kugel, sie sollte ja auch bald kalben.

„Ich glaube, das dauert nun nicht mehr lange, aber heute kalbt sie bestimmt noch nicht“, meinte Papa, drehte sich um, verschwand unter einer Kuh und fuhr fort zu melken.

Ich streichelte Anna und redete dabei weiter mit ihr, was sie sich, wie immer, sehr gerne gefallen ließ.

Nach der Arbeit im Stall trafen wir uns alle im Haus zum Abendessen. Traditionell gab es an diesem Tag Omas leckeren Heringssalat mit Brot und frischer Milch. Noch abgewaschen und die „guten“ Sachen angezogen, dann war es endlich soweit. Nun durften wir in die Stube. Jetzt war Bescherung mit vielen Geschenken unterm Tannenbaum.

Als der Jubel sich etwas gelegt hatte, wollte Papa noch einmal im Stall nachsehen, ob alles in Ordnung war, denn das Vieh sollte es doch auch gut haben. Meistens ging ich mit, tierlieb, wie ich nun mal war. Auch heute begleitete ich ihn. Soweit war alles wie immer. Doch was war jetzt los?

Schon in der Stalltür wurden wir mit Spektakel empfangen. Hatte sich ein Tier losgerissen? Oder war vielleicht sogar ein Kalb aus seiner Box geschlüpft?

Nein, nichts von alledem! Als wir bei Anna ankamen, konnten wir sehen, was passiert war: Nun hatte sie doch noch gekalbt, darum das Geblöke und die Unruhe!

Hinter Anna lag, gerade geboren und sehr naß, ein Kälbchen. Sogar aufstehen wollte es schon, aber die Beine spielten nicht mit, es fiel immer wieder hin. Anna trat unruhig hin und her, sie wollte zu ihrem Kind, konnte sich aber nicht richtig drehen.

Papa sauste ins Haus, er wollte Hilfe holen. Zurück kam er mit der ganzen Familie: mit Mama, Oma, Opa, Tante Magda und meiner Schwester Silke. Da standen wir nun alle und staunten!

Mama faßte mit an. Sie und Papa packten das Neugeborene und legten es vor Anna ins Stroh. Sofort leckte die ihr Kälbchen ab und massierte es dabei. Ganz leise und vorsichtig, und, wie ich meinte, zärtlich muhte Anna vor sich hin. Ich stand staunend da und sah mir alles an, ich konnte es einfach nicht glauben! Meine Anna hatte ihr Kalb bekommen – am 24. Dezember, am Heiligen Abend!

„Siehste", sagte jemand aus unserer andächtigen Runde, „nun haben wir auch ein ‚Christkind'! Nur bei uns ist es ein Kalb."

Ein Kalb, ja, aber was für eins – gesund und munter, obendrein von Anna, meiner Lieblingskuh!

Mama machte eine Box im Kälberstall zurecht, Papa melkte Anna. Immer wieder plumpste das Kalb vor ihr ins Stroh, aufstehen konnte es einfach noch nicht. Die anderen Kühe zogen an ihren Ketten, sie wollten das Kalb auch sehen. Auch Annas leises Muhen und der Stups mit ihrer Nase waren umsonst. Es war wohl noch zu früh. Das dauert seine Zeit, aber dann steht jedes Kalb. Nun wurde das Kleine in seine Box gebracht, bekam die erste Milch zu trinken und lag auf dem weichen Strohlager, mit einem Jutesack zugedeckt, da es noch etwas naß war.

Ich fiel Anna um den Hals, streichelte sie und klopfte liebevoll ihren Hals: „Gerade heute hast du dein Kalb bekommen, ein ‚Christkälbchen' – das ist wie ein Wunder für mich!"

Sicher hat sie mich nicht verstanden, sie konnte ja nicht wissen, welch ein besonderer Tag heute war. Ein großes Stück von einer Runkel gab ich ihr noch, vorsichtig fraß sie es mir aus der Hand.

Als nun alles wieder seine gewohnte Ordnung hatte, kehrten wir in die Weihnachtsstube zurück. Noch einmal wurden die Geschenke bewundert, wir Mädchen spielten noch lange, die Erwachsenen unterhielten sich. Viel später als sonst gingen wir ins Bett.

Das war aber auch ein außergewöhnlicher Tag gewesen,

ein ganz besonderer Heiligabend für uns! Wir alle dachten an die Weihnachtsgeschichte. Sogar das Christkind ist in einem Stall auf die Welt gekommen! Auch Jesus hat auf Stroh gelegen, und so warm wie in unserem Stall war es sicher nicht. Er hatte ja nur Ochse und Esel. Klar, Jesus und ein Kälbchen, das ist ein großer Unterschied und ganz gewiß nicht einerlei. Und doch lagen solche Gedanken in unserer Stube nahe. Wenn ich heute an die andächtigen, besinnlichen Mienen von uns allen denke, bin ich mir ganz sicher: Der Stall der Weihnachtsgeschichte und unser mit Anna und ihrem Kälbchen verschmolzen zu einem Bild. Was einst in Bethlehem und was heute bei uns geschah, wir bewahrten es als ein wunderbares Geschehen im Kopf und ganz bestimmt auch im Herzen!

Bleibt für mich nur noch zu erzählen, daß Anna die einzige Kuh war, die an einem Heiligabend ihr Kalb bekommen hat, obwohl bei uns immer zwölf Tiere im Kuhstall standen. Ja, meine liebe Anna, es hat wohl so sein sollen: Dein Kind war etwas Außergewöhnliches, denn es blieb unser einziges „Christkälbchen"!

Leider haben wir schon lange keinen Bauernhof mehr. Aber diese wunderschöne, obendrein wahre Geschichte werde ich nie vergessen. Wie auch nicht meine Kinderzeit auf dem Land mit den Tieren, all den Abenteuern und herrlichen Erlebnissen zwischen Ställen, Feldern und Wiesen.

[Bassum, Niedersachsen;
Weihnachten 1981]

Marietta Bremer

Die Überraschung

Es war einige Tage vor Weihnachten. Meine ältere Schwester Silke und ich waren in der Stadt, um noch einige Kleinigkeiten für das Fest zu besorgen. Als wir uns in einem Imbiß stärken wollten, meinte sie plötzlich zu mir: „Ich freue mich schon sehr auf Heiligabend, denn ich bekomme von meinem Freund Heiner etwas ganz Tolles geschenkt. Es ist etwas Lebendiges und muß noch wachsen."

„Bekommst du vielleicht einen Hund?"

Ich war in meinem Element! Zu meinem Pech kam nun die Kellnerin und brachte die bestellten Bratwürste. Wir vertieften uns ins Essen, und Silke blieb die Antwort auf meine Frage schuldig. Da es inzwischen schon 18 Uhr geworden war, mußten wir uns nun rasch auf den Heimweg machen. Doch ich hatte Glück, schneller als ich gedacht hatte, erfuhr ich, welches Geschenk meine Schwester erwartete. Denn als wir unserer „Lieblingsbeschäftigung", dem Abtrocknen, nachgingen, fragte Silke mich: „Weißt du einen schönen Hundenamen?"

Sofort hatte es bei mir geklingelt! Silke bekam also einen Hund! Ich versuchte, ihn mir vorzustellen, fragte sie aber doch noch dies und das. Nun erfuhr ich, daß es sich um ein knapp sechs Wochen altes Hündchen handelte, dessen Mutter schwarz war und Schlappohren hatte. „Mein Hund sieht grau-braun aus, mit schwarzen Flecken. Auf Deutsch: Er ist ein viel zu klein geratener Schäferhund mit Schlappohren!"

beschrieb Silke ihr Weihnachtsgeschenk. Ihr Freund hatte eine Anzeige in der Zeitung gelesen, und daraufhin waren sie zu der Züchterin gefahren. Silke fand die kleinen Hunde so niedlich und hatte sich den Welpen selbst aus dem Wurf ausgesucht. Der Hundevater war unbekannt, da konnte man also gespannt sein.

Eine Frage hatte ich doch noch: „Wie wollt ihr den Hund denn Weihnachten ins Haus bringen? Du weißt doch, daß Mama nicht wieder einen Hund haben will, weil Cherry sie jedesmal, wenn im Stall etwas los war, mit seinem Gebell fast zu Tode erschrocken hat!"

„Nun ja, zuerst kommt er zu Heiner, und Heiligabend will er ihn dann herbringen", erläuterte Silke ihren Plan.

Ich freute mich und versuchte lebhaft, mir den Hund vorzustellen. Den Rest des Tages schrieb ich alle Hundenamen auf, die mir einfielen, die ich gehört oder gelesen hatte. Zum Schluß hatte ich zwei DIN-A5-Seiten voller Namen gesammelt und war echt stolz auf mich. Von A bis Z war alles vorhanden, zum Beispiel: Amigo, Berry, Goffy, Wotan und viele mehr. In den nächsten Tagen war der Hund das Gesprächsthema Nummer eins zwischen uns. Wir mußten ganz schön aufpassen, nicht zu laut oder zu auffällig zu sein, es durfte und sollte ja niemand sonst etwas hören oder gar wissen! Das war spannend, aufregend und geheimnisvoll.

Endlich war Heiligabend da, und ich konnte die Zeit bis zur Bescherung gar nicht mehr erwarten, meine Schwester genauso wenig. Dann war es schließlich soweit. Nachdem wir alle unsere Geschenke ausgepackt und bestaunt hatten, klingelte es an der Haustür. Wir wollten nämlich alle um 23 Uhr in die Kirche gehen, auch Heiner und seine Schwester Ingrid. Silke ging, um die Tür zu öffnen. Auf dem Flur wurde getuschelt. Ich war total aufgeregt! Die Stubentür ging auf – und vor uns stand der Weihnachtsmann persönlich!

Der verkleidete Heiner hatte einen riesigen Jutesack auf dem Rücken, schleppte ihn in die Stube und verteilte an alle die vielen tollen Geschenke. Dann öffnete sich die Tür abermals und Ingrid kam mit einem Hundekorb herein, auf dem eine alte, graue Strickjacke lag. Mehr konnte ich von meinem Platz aus nicht erkennen. Sie ging damit auf unsere überraschte Mama zu, die Ingrid fragte: „Hast du deine Igel mitgebracht?“

Wir konnten nicht mehr, wir vier, die genau wußten, was in dem Korb lag, und lachten, was das Zeug hielt.

Ganz vorsichtig hob Mama die Jacke hoch, in dem Glauben, daß darunter zwei Igel lagen, die Ingrid über den Winter pflegte, und uns schon immer einmal zeigen wollte. Aber sie sah etwas ganz anderes: Ein kleines, grau-braun-schwar-

Unser Hund Benjie zu Weihnachten 1981.

zes Bündel, das sie aus dunkelschwarzen Knopfaugen genauso erstaunt anstarrte, wie Mama den winzig kleinen Hund!

„Das ist ja ein Hund!“, stellte Mama sachlich und sehr überrascht fest. „Ach, ist der aber drollig!“ Mit diesen Worten streichelte sie das kleine, verschlafene Hündchen, und die Situation war gerettet! Puh, waren wir erleichtert!

Nun waren wir alle – auch Oma, Opa, Papa und meine Tante – aus dem Häuschen. Jeder beguckte sich das kleine Knäuel, das man bequem in zwei Händen tragen konnte, und alle, ja, wirklich alle waren entzückt!

Jetzt war es allerhöchste Zeit geworden, daran zu denken, in die Kirche zu gehen. Als wir nach dem Gottesdienst wieder zu Hause waren, bestaunte jeder noch einmal den winzigen Hund. Obwohl ich, wie die anderen sicher auch, sehr aufgeregt und glücklich war, siegte doch die Müdigkeit und ich schlief, nachdem ich ins Bett gegangen war, fest und zufrieden ein. Was war das doch für ein schönes Weihnachtsfest gewesen!

Unser „Benjie“ hat uns über viele Jahre treu begleitet, und sehr viel Freude bereitet, obwohl er zuerst so klein war, daß er beim Wassertrinken aus dem Napf mit dem Hinterteil in der Luft hing. Er wird immer in unseren Herzen und in unserer Erinnerung einen festen Platz haben. Vergessen kann man so eine „treue Seele“ bestimmt nie im Leben!

Diese Nachtaufnahme zeigt Benjie im Sommer 1991.

[Gelsenkirchen-Buer, Ruhrgebiet,
Nordrhein-Westfalen;
1986–1989]

Ilona Klawunn

Weihnachten mit Charly

Es ist schon lange her, da waren mein Mann und ich stolze Besitzer eines Wellensittichs. Racker hatte er geheißen und lebte mit uns 13 Jahre lang bis zu seinem Tod unter einem Dach. Fünf Jahre blieben wir danach ohne ein Tier. Dann aber besannen wir uns, daß ein Haustier doch etwas sehr Schönes ist, und entschieden uns dieses Mal für eine junge Katze, besser gesagt für ein Katerchen. Chirocee, von uns nur liebevoll Charly gerufen, war eine amerikanische Wildkatze, grau gestromt, mit sehr langem, dichten Fell und einem nougatfarbenen Näschen. Seiner Rasse „Main Coon" wird nachgesagt, sie sei der Hund unter den Katzen. Eine etwas kuriose Behauptung, die vielleicht neben einigen Eigenschaften dieser Tiere auch die beachtliche Größe meint, die sie erreichen können.

Charly zog also bei uns ein. Ein halbes Jahr später kam Katze Gladys dazu, in ihrer Art sehr vornehm und schon zwei Jahre alt. Charly wuchs heran, aus dem kleinen Kerl wurde ein Prachtexemplar von Kater. Er machte im Gegensatz zu Gladys so manchen Unsinn und in seiner Spielleidenschaft auch viel kaputt. Aber wenn mich diese schönen Katzenaugen nur ansahen, verzieh ich ihm alles.

Beide Tiere hatten die Angewohnheit, in die Badewanne zu springen, um Wasser aus dem dazu gehörenden Hahn zu trinken. Vor allem Gladys nahm oft schon im Flur Anlauf, um dann mit einem galanten Satz in der Wanne zu landen. Mit einem Mauzen machte sie mir darauf klar, daß nun der Wasserhahn aufgedreht werden müsse. So war ich es gewöhnt.

Doch eines Tages im Winter drangen mir unbekannte, höchst alarmierende Geräusche bis in die Küche an mein Ohr. Nichts Gutes ahnend, rannte ich den langen Korridor bis ins Bad. Unterwegs kam mir schon eine triefend nasse und, wie mir schien, beleidigte Katze entgegen. Das Fell tropfte und hinterließ im gesamten Flur eine nicht zu verachtende Wasserrinne. Meine arme Katze, was war nur passiert?

Und dann sah ich das Blut an ihrem Kinn! Angst ergriff mich. Ich lief ins Bad. Mein Mann, der in dieser kalten Jahreszeit gerade ein entspannendes Vollbad nahm, sah mir verblüfft entgegen. Gladys hatte mal wieder im Flur Anlauf genommen und war zu ihm in die Badewanne gesprungen!

„Gladys blutet", jammerte ich und rannte zurück zur Katze, um sie abzutrocknen. Eine Wunde konnte ich dabei aber nicht feststellen. Etwas pikiert rief mein Mann aus dem Bad: „Die Katze blutet doch nicht, das ist mein Blut!"

„Gott sei Dank, dann ist ja alles in bester Ordnung", war meine nicht eben teilnahmsvolle Reaktion auf seine Mitteilung. Gladys hatte wohl Halt gesucht und meinem Mann dabei mit ihren scharfen Krallen die Beine zerkratzt. Zurück blieb ein immer noch blutender und verdutzt dreinschauender Ehemann.

Oh, du fröhliche Weihnachtszeit!

Charly liebte Weihnachten, das heißt, eher die Weihnachtsdekoration. Vor allem hatte es ihm unsere beleuchtete Weihnachtsstadt angetan, die wir liebevoll mit viel Mühe auf dem zweieinhalb Meter langen Sideboard in der Küche alljährlich aufbauten. Besonders kuschelig fand er die Schneematten, auf denen die Häuser standen. Also machte er die Weihnachtsstadt zu seinem Lieblingsplatz. Als er noch klein war, konnte ich den von allen Seiten beleuchteten Kater einfach aus der Stadt heben. Doch Charly wog mittlerweile acht Kilogramm, so wie es sich für einen Wildkater gehörte. Deshalb paßte er

Unsere amerikanische Wildkatze Charly liebte es, sich mitten in die flauschige Weihnachtsstadt zu legen, die wir jedes Jahr aufbauten.

auch gar nicht mehr zwischen die Häuser. Doch immer, wenn ich ihm den Rücken zudrehte, versuchte er sein Glück, wobei so manches Haus auf dem gefliesten Küchenfußboden landete und zu Bruch ging. Ich war schon manches Mal den Tränen nahe beim Anblick der schrumpfenden Weihnachtsstadt.

Auch das Einpacken der Weihnachtsgeschenke wurde zum Kampf mit Charly. Kaum hatte ich das Geschenkpapier ausgerollt, um ein passendes Stück abzuschneiden, war auch schon flugs der Kater da und machte es sich auf dem Papier gemütlich. Alles Schimpfen und Schieben nutzte nichts.

In einem Jahr, dem Tag vor dem Heiligen Abend, jagten sich Charly und Gladys in der Küche. Oben auf unserer Eckbank stand ein Holzweihnachtsbaum, bestückt mit kleinen Lichtern. Mein Schwager Fritz hatte ihn mit viel Mühe und Sorgfalt selbst gefertigt. Beim wilden Umhertollen der Katzen sauste Charly unter diese Bank und verfing sich dabei im Kabel der Lichterkette. Er schrie, maunzte und war voller Panik. Je mehr er sich zu befreien versuchte, um so mehr verwickelte er sich in die Strippen. Mein Mann, der schon Urlaub hatte, eilte herbei, um den Kater zu befreien. Am Ende strangulierte sich unser Liebling noch mit dem Kabel!

Er kam jedoch kaum an den Kater unter der Bank heran. Und dann passierte es! Als er blind unter der Bank nach Charly tastete, biß dieser ihm in seiner großen Not in die Hand und ließ nicht mehr los. Erst nachdem ich ein Kabel zerschnitten hatte, schaffte es mein Mann, sich und den Kater zu befreien.

Über Nacht entzündete sich die Bißwunde, wurde dick und rot. Also mußten wir am Morgen des Heiligen Abends noch zum Arzt. Der schaute beim Anblick der Hand sehr ernst drein und wollte meinen Mann sofort ins Krankenhaus überweisen, zumal auch die Feiertage bevorstanden. Aber der wollte mit „so einer Lappalie“ nicht in die Klinik. Im Laufe des Tages bekam er Fieber, die Hand schwoll immer mehr an, so daß man meinte, die Haut platze gleich. Die Entzündung war bemerkenswert. Der Arzt, wohl dergleichen befürchtend, hatte vorsorglich eine bestimmte Stelle des Handgelenks mit Kugelschreiber markiert. Überschritten Entzündung und Schwellung diese Stelle, müsse der Patient aber sofort in die Klinik. Gott sei Dank traf das nicht ein, das Fieber sank nach zwei Tagen, die Entzündung ging langsam zurück.

Ich muß gestehen, ich hatte große Angst um meinen Mann gehabt. Täglich wollte ich ihn mindestens fünfmal in die Klinik schicken. Zum Glück wurde es ja nun besser. Was ich jedoch erst viel später erfuhr: Der störrische Patient hatte heimlich den Kugelschreiberstrich des Arztes immer der fortschreitenden Schwellung angeglichen!

Ja, es gab kein ruhiges Weihnachtsfest mehr bei uns. Meine Weihnachtsdekoration wurde von Jahr zu Jahr immer weniger. Unser ganzer Stolz war alljährlich der etwa zweieinhalb Meter hohe Weihnachtsbaum, geschmückt mit Kugeln und goldenen Girlanden. Was soll ich sagen?

Charly war fasziniert von dem Baum, von den Kugeln und von den Girlanden. Entweder zog er mit dem Maul an den Girlanden, bis sie sich lösten und der Baum dabei bedenklich wackelte, oder er nahm Anlauf, um dann mit seinen großen Pfoten gegen die Glaskugeln zu patschen, bis sie abfielen. In der unteren Etage des Baumes gab es schon keine Kugeln mehr. Durch den Teppich überlebten die Kugeln den Angriff, aber so manche fanden wir in der Küche auf den Steinfliesen, in tausend Teile zersprungen – was ja auch nicht gerade ungefährlich für Charly war.

Und irgendwann geschah, was geschehen mußte: Kater Charly brachte mitten in der Nacht den Baum zu Fall. Zweieinhalb Meter Weihnachtsbaum, liebevoll geschmückt, lagen lang auf dem Boden im Wohnzimmer! Kugeln rollten uns entgegen, einiges war zu Bruch gegangen. Wir waren einem Herzinfarkt nahe. Dann wurde mir heiß: Wo war Charly?

Im Halbdunkel hatte ich noch etwas Graues flüchten sehen, aber ich war mir nicht sicher: Hatte er es geschafft, dem Baum zu entkommen oder war er von ihm erschlagen worden?

Die schlimmsten Bilder tauchten vor meinen Augen auf. Was kümmerte mich der Weihnachtsbaum, wenn nur dem Kater nichts passiert war!

Mein Mann hob die Tanne an, von Charly keine Spur. Ich atmete auf, Glück gehabt!

Mitten in der Nacht sammelten wir die Scherben vom Teppich. Mein Mann stellte den Christbaum mühevoll wieder auf, befestigte einen Haken an der Wohnzimmerdecke und drahtete die Baumspitze dort an. „Katzensicher", stellte er zufrieden fest. Bevor wir müde wieder ins Bett gingen lugte Charly neugierig, aber irgendwie doch verstört um die Ecke.

Mittlerweile sind ein paar Jahre vergangen, Charly und Gladys leben nicht mehr, aber wir wissen dennoch nie, wie das nächste Weihnachtsfest sein wird – denn nun haben wir Fellow und Braisdy!

[Berlin-Nikolassee;
1992]

Dolly Radusch

Der Igel in der Weihnachtskrippe

Vor acht Jahren etwa kam ich auf die Idee, Krippenfiguren zu basteln. Aus Draht, Stoffresten und einem gipsähnlichen Material entstanden Josef, Maria, das Christkind, Hirten, Könige, ein Ochse und ein Kamel. Mein Mann fand soviel Gefallen an den Figuren, daß er den Stall dazu werkelte. An dessen Rückwand brachte er sogar eine batteriegespeiste Glühbirne an, die den Stern erleuchtete. Zu Weihnachten stand die Krippe unter dem Weihnachtsbaum. Nach dem Fest wanderte sie in den Keller. Wohl verpackt in Seidenpapier, wurden die Figuren in den Stall gelegt, der in einem offenen, flachen Karton Platz fand.

Das Frühjahr kam, der Sommer ging vorüber, es wurde Herbst. Das Laub im Garten mußte zusammengeharkt werden. Während ich fleißig war, tollten meine beiden Pudel im Garten herum. Irgend etwas Interessantes hatten sie gefunden. Sie bellten anhaltend, stöberten mit den Schnauzen im Laub und scharrten aufgeregt. Neugierig sah ich nach. Und was fand ich da?

Einen Igel. Nein, eine Handvoll Igel, einen stacheligen Winzling, der zusammengerollt, mit geschlossenen Augen unter den verwesenden Blättern überwintern wollte. Ich nahm ihn ins Haus und setzte ihn in einen Karton.

Mein Mann und ich beratschlagten, was wir mit dem kleinen Kerl tun sollten. Zunächst ging ich mit ihm zum Tier-

Eine Handvoll Igel. Oft sind es Jungtiere, die spät geboren, sich wegen des geringen Nahrungsangebots im Spätherbst kein für den Winterschlaf ausreichendes Fettpolster anfressen konnten. In Deutschland zählt der Igel zu den besonders geschützten Arten. Es ist verboten, ihn aus der Natur zu entnehmen. Die einschlägigen Gesetzesvorschriften erlauben jedoch, hilfsbedürftige Igel sachgemäß – idealerweise durch Einbeziehung eines Tierarztes oder einer Igelstation – aufzuziehen bzw. gesund zu pflegen. Das Ziel jeder Igelhilfe muß sein, die Tiere so bald wie möglich wieder gesund in die Freiheit zu entlassen. (www.pro-igel.de. Foto: Soja31/pixelio.de)

arzt. Dort wurde er entwurmt und gewogen. Zu Hause mußte ich ihn in einer warmen Tinktur baden, damit die vielen kleinen Schädlinge, die sich in seinem Stachelkleid angesiedelt hatten, abgetötet wurden. Das Tierchen wog nur 350 Gramm. Deshalb meinte der Arzt, es würde den Winter wohl kaum überleben. Trotzdem nannte er mir eine Igelstation, wo ich es zum Überwintern abgeben könnte. Aber die Station war schon überbelegt, so mußte ich es zu Hause unterbringen. Im Keller baute ich aus losen Brettern einen Verschlag, fertigte aus Zeitungspapier ein Nest und bettete das Igelchen hinein. Es schlief auch gleich ein, zusammengerollt und mit zugekniffenen Äugelchen. Irgendwie hatte ich kein gutes Gefühl dabei, das Tier im Keller zu lassen. Es war doch so klein. Wie sollte es den Winter über durchhalten?

Als ich einige Tage später nach ihm sah, war der Verschlag leer. Das Igelchen hatte sich davongemacht. Aber aus dem Keller konnte es nicht entwichen sein. So suchte ich in allen Ecken, unter der Heizung, hinter dem Schrank, in den Kartons. Und wo fand ich es?

Eingekuschelt lag es zwischen Maria und Josef, Hirten und König in dem wärmenden Seidenpapier der Krippenfiguren! Offensichtlich war es ihm in seinem Verschlag zu kalt gewe-

Unser Pudel Filou beobachtet interessiert das Igelchen im Vogelbauer.

sen, deshalb hatte es Wärme in der Krippe bei dem Jesuskind gesucht. Behutsam nahm ich es heraus.

Unser Igelchen fand nun ein neues Heim in einem alten Vogelbauer. Seine Schlafstelle darin war eine Schachtel, an einer Seite offen, die wir mit Zeitungspapier ausgepolstert hatten. Wassernapf und Futterschälchen machten die Ausstattung komplett. Und damit unser kleiner Gast es nun auch ganz gewiß nicht mehr kalt haben würde, stellten wir die neue Igelwohnung in meinem Arbeitszimmer nahe der Heizung auf.

Das Tierchen schlief viel, aber mindestens einmal am Tag verließ es sein Lager, fraß von dem Hundefutter im Schälchen und trank. Unsere Pudel hatten ihre helle Freude, wenn es herauskam. Hieß es: „Wo ist das Igelchen?“, rannten sie herbei und sprangen an dem Bauer hoch, um ja nichts zu versäumen.

Im Februar verreisten wir an die Nordsee. Natürlich kam das Stacheltierchen in seinem Käfig mit. Unsere Verwandten amüsierten sich köstlich über unseren Zoo. Auf 500 Gramm Körpergewicht konnte ich unseren kleinen Hausfreund aufpäppeln. Immer noch keineswegs groß, aber gesund und munter, verließ er uns an einem sonnigen Maitag.

Wenn später einmal ein Igel durch unseren Garten streunte, dachten wir stets: „Vielleicht ist das unser Igelchen?“

Und dieser Gedanke ließ uns jeden Igel mit ganz besonderer Wärme betrachten.

(Weitere **ZEITGUT**-*Beiträge der Autorin sind am Buchende vermerkt.)*

[Berlin;
Frühjahr 1994]

Anneliese Pioch

Flieg Vögelchen, flieg!

An einem herrlich sonnigen Tag im Mai beobachtete ich auf dem Weg zur Arbeit einen Sperber. Der Raubvogel hatte etwas auf die Fahrbahn fallen lassen und ein Auto nach dem anderen rollte daran vorbei. Mir war klar, daß er seine Beute verloren hatte. Wenn dieses kleine Wesen es schafft, auf der stark befahrenen Straße von keinem Auto überrollt zu werden, dachte ich, dann soll es unbedingt leben und ich will dafür sorgen, daß es wächst und gedeiht.

Nach langem Warten kam endlich meine Chance, das kleine Etwas von der Straße zu holen. Es war ein frisch geschlüpfter Jungvogel, unverletzt, soweit ich das auf Anhieb beurteilen konnte. Jetzt mußte schnell gehandelt werden. Der kleine Vogel brauchte dringend ein wärmendes Nest und vor allen Dingen ein paar nahrhafte Happen. So ging ich direkt in die nächste Zoohandlung, um Würmer und etwas Heu zu kaufen. Von nun an war ich mit einer kleinen Tasche unterwegs, in der ich meinem Schützling ein behagliches Nest bereitet hatte. Pipette, Pinzette und ausreichend Proviant fehlten ebenfalls nie. Das Problem war nur, die Würmer wurden bald verschmäht. Jetzt war guter Rat teuer. Was füttern Vogeleltern ihrem Nachwuchs, das auch ich besorgen konnte?

Die Lösung fand ich bei meinem Nachbarn, der Imker war und mir Bienenbrutwaben verkaufte. Die dicken Larven wurden für den kleinen Jungvogel *die* Köstlichkeit, nahrhaft und süß. Das Vögelchen entwickelte sich so schnell zu einem prächtigen, stets hungrigen – ja, was würde es denn werden?

Das sollte noch einige Zeit ein Geheimnis bleiben. Aber eines war klar, nach etwa vierzehn Tagen hatte der Taschentransport ausgedient. Natürlich mußte ich öfter daran denken, welch unglaubliche Leistung jedes Frühjahr Vogeleltern vollbringen, wenn im Nest vier oder mehr den Schnabel aufsperrende Küken sitzen und unermüdlich dafür gesorgt werden muß, reichlich Futter herbeizuholen.

Das neue Nest wurde in der Küche zwischen Blumentöpfen errichtet, und ich verlegte meinen Arbeitsplatz nach Hause. Zum Glück erlaubte mir das Schreiben einer Seminararbeit Flexibilität. Länger als zwei Stunden durfte ich das Haus nicht verlassen, aber mit den süßen Bienenmaden waren wir sehr erfolgreich. Bald bekam der kleine Vogel sein Federkleid und wurde immer aktiver. Mein kleiner Gast entpuppte sich als Blaumeise, selbstbewußt und quicklebendig. Wir waren mittlerweile ein gutes Team. Saß ich am Computer, spazierte sie gerne meinen Arm entlang, zupfte mich an dem einen Ohr, lief um den Hals auf die andere Seite, manchmal wurde dann an dem anderen Ohr gepickt. Darauf ging sie den Arm wieder hinunter, um über die Tastatur zu laufen und für eine neue Runde zu starten. Das war ein beliebtes Spiel, das so oft wie möglich wiederholt wurde.

Ich konnte gut beobachten, wie die kleine Meise jeden Tag neue Fähigkeiten erprobte. Sobald die ersten Flugversuche erfolgreich verliefen, setzte sie sich morgens auf meinen Kopf und blieb dort den gesamten Badezimmeraufenthalt einschließlich Toilette und Dusche ausdauernd und neugierig sitzen. Erst nach der Morgenfütterung mit den süßen Bienenmaden suchte sie zufrieden in den Zimmerpflanzen einen Platz zum Verweilen. Wann immer ich die Wohnung betrat, war ich begehrter Landeplatz und wurde ausgiebig begrüßt. Sie setzte sich dann auf meine Schulter oder auf den Kopf und begleitete mich durch die Wohnung. Von nun an hat sie auch ihren Schlafplatz selbst gewählt und im Zimmer zahlreiche Flugrunden absolviert. In dieser Zeit war es unbedingt erforderlich, daran zu denken, keine Fenster zu öffnen und achtsam mit den Türen umzugehen.

Allmählich drängten sich mir Gedanken auf, wann wohl die Zeit gekommen sein würde, den Weg nach draußen möglich zu machen. Wir hatten die stille Verabredung getroffen, sie sollte eine gewandte Blaumeise werden und zu gegebener Zeit in den nahegelegenen Birkenwald fliegen. Mittlerweile gab es verschiedene Sämereien als Futter. In ein oder zwei Tagen, meinte ich, müßten ihre Instinkte sie lehren, auch draußen das richtige Futter zu finden.

Ich hatte das Tierchen liebgewonnen. Mit Wehmut dachte ich daran, bald die Balkontür öffnen zu müssen. Ein paar Tage noch, aber dann war es Zeit für den Abschied. Begleitet von den besten Wünschen flog die kleine Meise hinaus. Ich war mir sicher, sie würde das Leben da draußen gut meistern.

Die kleine Blaumeise sitzt auf einem Holzstück.

[Berlin;
1995]

Anneliese Pioch

Eine Berliner Katzenliebe

Meine Katze wurde in einem Berliner Keller geboren, zusammen mit weiteren vier Geschwistern. Die Mutter der Kleinen hatte es schwer, denn der Hausbesitzer wollte keine Katzen. Er verjagte sie immer wieder, aber irgendwie schaffte sie es stets, zu ihren Jungen zu gelangen. Als die Kätzchen größer wurden, rannten sie im Keller herum und spielten. Das ärgerte den Hausbesitzer noch mehr, und er warf mit Kohle nach ihnen.

Eines Tages fragte mich mein Nachbar, ob ich nicht eines der Jungen wolle, es müsse sonst ins Tierheim. Er selbst habe schon eines aufgenommen, doch es wäre noch eine kleine Schwester übriggeblieben. Ich hatte mir schon immer ein Kätzchen gewünscht und überlegte nicht lange. Am nächsten Tag hielt ich ein struppiges, zittriges Wesen in den Händen, ein schwarzweißes Katzenkind, das ich Mia nannte. Es sah allerliebst aus. Die weißen Pfoten wirkten wie Stiefelchen und über das Gesicht zog sich ein dreieckiger weißer Fleck, der sich auf dem Hals und noch einmal auf dem Bauch wiederholte. Außerdem zierten Mia wunderschöne, sehr lange weiße Schnurrhaare.

Jeder weiß, daß Katzen eine gute Körperpflege für sehr wichtig halten. Deshalb mußte dem Kellerkind erst einmal geholfen werden, die vielen Parasiten loszuwerden, ehe es gut für sich selbst sorgen konnte. Wir gingen zum Tierarzt, und Mia bekam Medizin gegen Flöhe und Würmer. Zu Hause hatte es in kurzer Zeit gelernt, ihre Toilettenkiste zu benutzen, und bald sprang Mia heiter durch die Wohnung. Wir wurden gute Freundinnen. Sobald ich auf dem Sofa saß, leistete sie mir Gesellschaft. Ihr zufriedenes Schnurren hörte ich gerne, denn es wirkte überaus beruhigend. In der einen Hand hielt ich mein Buch, mit der anderen streichelte ich Mia.

Im Laufe der Zeit pflegten wir verschiedene Rituale. Wenn ich nach Hause kam, brachte ein Spiel mit dem Tennisball Mia die geliebte Bewegung nach dem langen Dösen auf dem Sofa. Das Spiel ging so: Die Katze saß ganz aufmerksam mir gegenüber auf dem Boden, ungefähr ein bis zwei Meter entfernt, und ich rollte den Ball in ihre Richtung. Mia stoppte ihn geschickt und rollte ihn mit ihren samtenen Pfoten zu mir zurück. Hatten wir uns auf diese Weise ein paarmal vergnügt, warf ich den Ball in ihre Richtung in die Luft, worauf sie hochsprang, ihn sehr geschickt fing und wieder zu mir

Meine Katze versteckte sich gern in den Balkonpflanzen.

Mia wartet aufmerksam auf den Spielbeginn.

zurück brachte. Sie liebte diese Herausforderungen und war hochkonzentriert bei der Sache.

Ihre Aufmerksamkeit hielt auch an, wenn ich später mein Essen zubereitete. Mia wich nicht von meiner Seite. Sie setzte sich neben die Spüle und beobachtete genau, was ich da machte. Beim Gemüseputzen hatte sich ein weiteres Spiel entwickelt, das Tropfenfangen. Ich ließ für Mia aus dem Wasserhahn langsam Tropfen laufen, die sie hingebungsvoll und überaus ausdauernd mit ihrer Pfote auffing. Dann sah sie ihre Pfote an, und es war nichts mehr da. Als könnte sie es nicht glauben, fing sie erneut einen Tropfen, der ebenfalls gleich darauf verschwand. So ging das endlos weiter, bis sie ganz naß war.

Sie war ein kluges Tier und lernte schnell, wann sie mich zum Spiel auffordern konnte und wann es unpassend war. Dabei pflegten wir eine gute Konversation. Ich konnte an der Art ihres Miauens genau so gut ihre Empfindungen wahrnehmen, wie sie differenziert auf meine Stimme reagierte. Sagte ich etwas zu ihr, kam postwendend eine Antwort, ein Maunzen in den verschiedensten Tonlagen. Auch ich lernte dazu, und wir hatten einen interessanten, einfühlsamen Umgang miteinander.

Irgendwann wollte ich eine Reise unternehmen, aber was würde aus meiner Katze?

Eine Bekannte hatte die Idee, sie zu ihrer Nachbarin zu bringen, die einen gutmütigen Kater hatte, Mohrle. Ja, warum nicht?

Einen Versuch war es wert. Wenn die beiden sich verstehen würden, könnte ich sorgloser verreisen, dachte ich bei mir. Mia war jedoch gegenüber Fremden sehr ängstlich und ich hatte meine Bedenken. Wir verabredeten ein Probetreffen. Zunächst beäugten sich die beiden interessiert – zwar mit dem nötigen Abstand, aber es waren durchaus Neugierde und Sympathie da. Am zweiten Tag teilten Mia und Mohrle sich bereits das Sofa. Eine Rückfrage am dritten Tag war überaus positiv, und entspannt fuhr ich in Urlaub.

Zwei Wochen später stand ich freudig mit Katzenkorb im Flur der Bekannten, um Mia abzuholen. Kater Mohrle schlief auf dem Sofa in einem Zimmer, Mia sah mich aus einem anderen an, reagierte aber nicht auf mein Rufen. Nun, es war mir bekannt, daß Katzen es einem übelnehmen können, wenn man sie zurückläßt. Aber ich sagte mir, das würde sich schon wieder geben.

Mein Locken und Anbieten rief lange keinerlei Regung bei Mia hervor, bis sie plötzlich an mir vorbeischoß, in die Küche flüchtete und sich zwischen Kühlschrank und Anrichte zwängte. Dort fing sie laut und jämmerlich zu schreien an, wie ich es noch nie von ihr gehört hatte. Was war mit meiner Katze los?

Es hörte sich ganz schmerzvoll an, ein lautes, langgezogenes Wehklagen. Das holte Kater Mohrle auf den Plan. Er kam aus dem Zimmer gesaust und setzte sich vor Mia hin, sah sie an, legte seine rechte Pfote auf ihr Köpfchen – und siehe da, sie hörte umgehend auf zu jammern! Die beiden Tiere saßen einträchtig beieinander und die Atmosphäre entspannte sich.

Mohrles Frauchen und ich schauten uns an, wir waren überrascht, ja wir staunten. So etwas hatten wir noch nicht erlebt. Schließlich sagte sie zu mir: „Komm, lassen wir sie noch beisammen, versuchen wir es in ein paar Tagen wieder."

So ließ ich den Katzenkorb da und ging alleine nach Hause.

Eine Woche später meldete ich mich wieder an, fest entschlossen, dieses Mal die Katze mitzunehmen, denn ich wollte der freundlichen Frau, die Mia so nett aufgenommen hatte, nicht noch länger zur Last fallen. Mia sah mich, lief nicht mehr davon, ließ sich in den Korb legen, ohne sich im geringsten dagegen zu wehren, jedoch ganz apathisch ihrem Schicksal ergeben. Der Korb stand auf dem Boden, ich machte das Türchen zu, nahm Mantel und Schal und wollte gehen.

Das alles dauerte nur eine kurze Zeit, aber ehe ich mich versah, hatte Kater Mohrle die Situation erfaßt. Er kam um die Ecke gerannt, direkt auf den Korb zu, streckte seine Pfoten aufgeregt zwischen die Gitterstäbe und wollte das Hindernis beseitigen. Wie wild kratzte er an dem Korb. Jetzt erwachte auch Mia wieder aus ihrer Teilnahmslosigkeit, streckte ihrerseits die Pfoten aus dem Gitter, in der Enge ihres Gefängnisses immer panischer werdend. Das war wirklich herzergreifend. Wir beschlossen kurzerhand, der Zuneigung der beiden Katzen nicht weiter im Wege zu stehen. Ich öffnete das Türchen. Wie der Wind jagten Mia und Mohrle davon und versteckten sich unter dem nächsten Schrank.

Ab und zu kam ich sie besuchen. Das Katzenpaar verstand sich weiterhin ausgezeichnet, aber mit der Zeit wurde ihre Liebe ruhiger. Meist lag Mia schlafend auf dem einen Sofa, Mohrle auf dem anderen.

[Leipzig, Sachsen;
1995]

Karin Kitsche

Groteskes Ende eines Einkaufbummels

Der Frühstückstisch war längst abgeräumt, das Geschirr gespült, getrocknet und im Schrank verstaut. Ungeduldig schob Marga die Gardine des Küchenfensters zur Seite und schüttelte murmelnd den Kopf. Wo ihr Mann nur blieb?

Er wollte doch nur ihren Hund Nando ausführen.

Sie huschte ins Schlafzimmer, postierte sich vor dem Spiegel ihres Kleiderschrankes und musterte kritisch ihr Äußeres. Ob sie sich zu fein gemacht hatte?

Ach was, heute würden sie etwas ganz Besonderes unternehmen. In die Stadt wollten sie fahren, in die Landeshauptstadt! Die Straßen entlang bummeln, die Auslagen der vielen Schaufenster ansehen, und vielleicht würde sie auch in eines der großen Kaufhäuser gehen. Nur zum Ansehen, zum Stöbern. So einen Bummel hatten sie schon lange nicht mehr gemacht. Zwei, drei Jahre?

Nie und nimmer! Unmerklich schüttelte Marga ihr ergrautes Haupt. Mindestens fünf Jahre waren sie schon nicht mehr in der Stadt gewesen.

„Fahrt nicht zu zeitig los", hatte der Sohn sie gemahnt und hinzugefügt, sie müßten nicht auch noch zur – hmm, wie hatte er das genannt?

Ach ja, Rasch-Au-er! Was auch immer das sein mochte, er hatte gemeint, sie müßten nicht auch noch mithelfen, ausgerechnet dann die Autobahn zu verstopfen. Sie hätten ja Zeit.

Außerdem öffneten die Geschäfte ohnehin erst um neun. Rasch-Au-er. Marga hatte ihren Sohnemann erstaunt angesehen und gefragt, wieso rasch, wo sie sich doch Zeit nehmen sollten. „Ach, Mutter, so heißt auf Englisch die Stunde, in der alle unterwegs sind." Warum könne man das nicht deutsch sagen, damit auch sie es verstünde, wollte sie wissen.

Überall englische Wörter, wohin man auch sah!

Seit Reichelts ihre Bäckerei aus Altersgründen aufgegeben hatten, hieß der einst so gemütliche Laden „Back-Shop". Und sie erinnerte sich noch genau an die peinliche Situation vor Meyers Textilgeschäft. Obwohl das nun schon einige Monate zurücklag, stieg Marga noch immer die Schamesröte ins Gesicht, sobald sie daran dachte. Oder war es inzwischen der Zorn?

Auf alle Fälle hatte die Verkäuferin in großen Buchstaben auf die Schaufensterscheibe geschrieben: „Sale! Top Jeans zum Low-Price." Bei Sale fehlte das zweite ‚a' und das ‚e' gehörte weg. Und Jens? So hieß ihr erstes Enkelkind. Marga hatte es ja nur gut gemeint. Das junge Ding hatte Marga ausführlich die Bedeutung der Worte erklärt. Und sicher geglaubt, Marga bemerke ihr freches Zucken um die Mundwinkel nicht. Sie hatte es bemerkt! Was dieses Low-Price bedeutete, fragte sie dann aber lieber nicht mehr.

Das Geräusch der zuschlagenden Haustür riß Marga aus ihren Gedanken.

„Bist du fertig?" rief ihr Mann Willi von unten.

„Schon längst, ich warte nur noch auf dich. Hast du mit Nando die große Runde gedreht?"

„Ja, er muß noch lange genug im Auto liegen. Also wir gehen schon mal raus."

Die Tür klappte wieder zu und Marga eilte in die Küche zurück. Sie öffnete die Kühltasche und warf einen kontrollierenden Blick hinein. Zwei Flaschen Wasser – eine für den Schäferhund Nando, eine für Willi und sie selbst – der Saufnapf, die Tüte mit Leckerli, zwei Äpfel, der in Zeitung eingewickelte Kühlakku, alles drin. Als sie die Haustür abschloß, mühte sich Willi noch mit Nando ab. Wenn man dessen Alter in Menschenjahre umrechnete, war er bereits über siebzig Jahre alt. Also etwas älter als sein Herrchen selbst. Gerade schob Willi Nandos Hinterteil ins Auto und schlug die Heckklappe des Kombis zu. Dann rollten sie die Straße entlang und Marga konnte nicht anders, als ihrer Nachbarin noch eilig zu zurufen, daß sie jetzt zum Bummeln in die Stadt fahren würden. Ein Lächeln der Vorfreude verschönte ihr Gesicht. Es dauerte jedoch nicht lange. Als sie die Autobahn erreichten, verlosch es und machte besorgten Seitenblicken Platz. Dieser Verkehr, nein, damit hatten sie nicht gerechnet. Willi kämpfte. Hatte Sohn Thomas nicht gesagt, diese ‚Rasch-Au-er' wäre um diese Zeit vorüber?

Als sie endlich die Stadt erreichten, steuerte Willi das erste Parkhaus an, das er erblickte. So, das war geschafft!

Verlegen wischte er sich den Schweiß von der Stirn. Wortlos kramte Marga eine Wasserflasche hervor und reichte sie ihm. Für ihre Bemerkung, daß sie allein nie und nimmer hier angekommen wäre, erntete sie einen dankbaren Blick. Laut hechelnd und japsend machte Nando nun auf sich aufmerksam. Marga kramte seinen Napf hervor und ließ den Hund saufen. Dann machten sie sich auf den Weg – Willi mit Nando an der Leine, Marga mit ihrer Handtasche. Jetzt rächte sich, daß sie das erstbeste Parkhaus angesteuert hatten, denn sie brauchten gut eine halbe Stunde, bis sie die Einkaufsmeile mit den unzähligen Geschäften, Cafés und Restaurants erreichten. Diese vielen Menschen, dieses Gedränge! Und diese unerträgliche Hitze!

Sie waren noch nicht viel weiter gegangen, als Marga eine Bank in der Mitte der breiten Fußgängerzone sah, auf die sie freudig zugingen. Da saßen sie nun im lichten Schatten eines dieser jungen Bäumchen und blickten sich ratlos an.

„Ich hole uns da drüben ein Eis!“, munterte Willi seine Marga auf und drückte ihr die Leine in die Hand.

Etwas erfrischt ging es nach dem Eisgenuß weiter. Aber schon bald legte Marga bei ihrem Bummel an den Schaufenstern entlang ihr Taschentuch gar nicht mehr aus der Hand, sie wischte und betupfte sich ohne Pause. Längst trug sie ihre Kostümjacke fein säuberlich gefaltet über dem Arm. War es wirklich in der großen Stadt so viel heißer als daheim?

Auf einmal blieb Willi abrupt stehen und zog an der straffen Leine. Nando lag regungslos auf dem heißen Pflaster. Willi beugte sich zu ihm hinunter und klopfte ihm begütigend den Rücken: „Na komm, mein Alter, komm schon!"

Doch Nando regte sich nicht. Jetzt strich er dem Tier über den Kopf – und hielt mitten in der Bewegung inne. Zögernd ging Willi auf die Knie und nahm Nandos Kopf in seine Hände. Dann, zu Marga gewandt, sagte er tonlos: „Er ist tot."

Ungläubig starrte Marga von Willi zu Nando und wieder zu ihrem Mann. Der saß inzwischen neben seinem Hund, sprachlos, fassungslos, die Augen voller Tränen. Marga blickte sich hilflos um. Das konnte nicht sein, das durfte nicht sein! Was sollten sie jetzt tun? War denn hier niemand, keiner unter den vielen Menschen, der helfen konnte?

„Unser Hund ist gestorben."

Die Frau, deren Arm Marga ergriffen hatte, sah sie unverwandt an, riß sich los und wich zwei, drei Schritte zurück.

„Helfen Sie uns doch, bitte", sprach sie einen weiteren Passanten an. Doch auch der ließ Marga einfach stehen. Schließlich hockte auch sie sich neben Nando und kraulte ihm heulend sein Fell.

„Komm, wir tragen ihn zum Auto", sagte Willi.

Sie nickte schniefend ihrem Mann zu und packte den Schäferhund an den Hinterläufen. Doch schon nach wenigen Metern mußten sie absetzen. Nach kurzem Verschnaufen packten sie den Hund erneut. Er war so unsäglich schwer!

Obendrein schlug bei jedem Schritt Margas Handtasche gegen ihr Schienbein. Der Schweiß rann ihr in die Augen und vermischte sich mit ihren Tränen.

Schließlich ging es nicht mehr weiter. Sie war zu kraftlos, um das Tier die weite Strecke mittragen zu können. Marga ging in die Knie, dann ließ sie den Hund fallen. Hilfesuchend blickten sich die Eheleute um. Als wären sie eine Insel, teilte sich das Menschengewimmel vor ihnen, um sich hinter ihnen wieder zu vereinen.

„Warte, ich besorg uns einen Karton!"

Schon lief Willi an den Schaufenstern entlang und ließ sie mit ihrem Jammer und dem toten Tier inmitten der gaffenden Menge zurück. Doch es war eine vernünftige Entscheidung, bald schon kam er tatsächlich mit einem großen, stabilen Karton zurück.

Sie hievten den schlaffen Tierkörper hoch und legten ihn dann in die Kiste hinein. Willi schloß sie und nickte Marga zu. Sie gingen in die Knie und versuchten, ihre Finger unter den Karton zu schieben. Schnaufend hoben sie die Kiste an, stolperten zwei, drei Meter, dann keuchte Marga: „Halt!"

Der Karton krachte aufs Pflaster, und Willi warf Marga einen vorwurfsvollen Blick zu. Sie konnte nur wieder in Tränen ausbrechen. Da kam Willi um den Karton herum und strich ihr sacht über die herabgesunkenen Schultern: „Geht nicht, ich weiß: zu groß, zu schwer. Komm, ich hab eine Idee!"

Und dann tat er etwas, was er schon lange nicht mehr gemacht hatte: Er nahm Marga an der Hand, und sie lief mit ihm. Sie ließ sich in das hellerleuchtete Geschäft führen, folgte ihm wortlos und ohne zu verstehen durch die Regalreihen.

Vor einem der jungen Verkäufer blieb Willi stehen.

„Junger Mann, Sie waren so freundlich, mir einen Karton zu geben, aber wir können ihn nicht tragen. Könnten Sie uns eine Sackkarre leihen? Sehen Sie, meine Frau und ich schaffen das nicht. Bitte. Es geht nicht. Wir bringen die Karre wieder, versprochen!" Willi sah den Verkäufer flehend an. „Ich laß Ihnen als Pfand auch meinen Geldbeutel hier, bitte."

Er zückte seine Brieftasche und blätterte dem verdutzten Verkäufer seinen Personalausweis, den Führerschein, den

Blutspenderausweis und einhundertzehn Euro in Scheinen auf den Tisch. Dann schob er alles wieder in die Fächer zurück und hielt dem Mann die Brieftasche vor die Nase.

Der Verkäufer blickte ratlos drein, ließ seinen Blick unschlüssig über die Regale schweifen, sah Willi an – schließlich nickte er. Dann verschwand er zwischen den Regalen und stand kurz darauf mit einer Sackkarre vor Willi und Marga.

Willi atmete erleichtert auf, drückte dem Verkäufer die Brieftasche in die Hand. „Ich vertraue Ihnen", sagte er. „Es dauert aber eine Weile. Wir müssen zum Parkhaus, wissen Sie. Aber ich komme wieder."

Er nickte Marga zu, schob die Karre dem Ausgang entgegen und den breiten Bürgersteig entlang. Schon von weitem suchten sie nach der Stelle, wo sie ihren toten Hund gelassen hatten. Plötzlich blieb Willi wie angewurzelt stehen. Der Karton war weg!

Suchend blickten sie um sich, sahen sich fragend an. Hier, genau hier hatte er doch gestanden, der Karton mit ihrem Nando! Er war doch nicht zu übersehen, dieser riesige beige Karton mit der roten Aufschrift „Farbfernsehgerät 100 Hz-Technik".

Richtig! „Farbfernsehgerät 100 Hz-Technik" hatte groß und deutlich darauf gestanden und der Karton war geschlossen gewesen! Da hatte jemand geglaubt, eine gute Beute zu machen! Na, der würde sich aber wundern!

Und Nando, was würde mit ihm geschehen?

Für alles, was auf Erden noch mit seinem Körper passieren würde, konnten Willi und Marga nur hoffen. Eines aber war für sie ganz gewiß: Nando war im Hunde-Himmel!

[Chalkidiki, Griechenland – Frankfurt am Main –
Mühlhausen, Thüringen;
2011 – 2004 – 2011]

Birgit Schaube

Eine Liebe ohne Worte

Mit einem nassen „Schmatzer“ werde ich geweckt. Es ist Sonntag, und eigentlich hatte ich mir vorgenommen, mal etwas länger zu schlafen oder zumindest nach dem Erwachen meinen Gedanken freien Lauf zu lassen. Aber da steht meine Hündin Dolly schon schwanzwedelnd an meinem Bett. Wie kann ich diesem Blick widerstehen?

Ich sehe in zwei treue Hundeaugen, die mich fragen: „Ich kann nicht mehr schlafen, wollen wir nicht spazierengehen?“ Sie leckt mir abermals meine Wange, und dieser „Morgenkuß“ macht mich einfach glücklich. Also Decke weg, es ist keine Zeit zu verlieren! Denn heute nacht wurden die Uhren auf Sommerzeit umgestellt, und somit fehlt mir, wie jedes Jahr an diesem Tag, diese eine Stunde. Wie gut, daß es Dolly gibt. Sie ist offensichtlich disziplinierter als ich.

Schnell frühstücken, Hund versorgen, mit ihm schmusen, duschen, Bett machen – und schon bin ich seinem Charme erlegen und abmarschbereit. Es ist ein sonniger und noch ruhiger Tag, denn die meisten Menschen liegen noch schlafend in ihren Kissen. Ihnen ist eine Stunde Zeitverlust egal. Nur pflichtbewußte Hundebesitzer kommen allmählich aus den Haustüren, gähnend und noch etwas verschlafen, aber durch das Ziehen ihres Vierbeiners und das grüßende Bellen der anderen werden sie schnell mit der Realität konfrontiert und wach. Ich sehe das eine oder andere mir bekannte Gesicht, habe aber heute außer einem Morgengruß keine Lust auf die üblichen, mich ohnehin oft langweilenden Gespräche. Heute will ich meinem Hund und mir etwas Gutes tun – ein langer Spaziergang soll uns beide glücklich machen. Die Straßen sind noch ziemlich ruhig. Die Sonne scheint mir ins Gesicht, und ich höre die vielen gefiederten Gesellen hoch oben zwitschern. Begrüßen auch sie sich oder schimpfen sie miteinander?

Sie scheinen sich viel erzählen zu haben und sind offensichtlich auch nicht immer einer Meinung. Ich allerdings bin mir mit meiner geliebten Hündin einig und so dankbar, sie nun schon seit fast sieben Jahren treu an meiner Seite zu haben. Bei langen Spaziergängen wie diesem wandern meine Gedanken immer wieder zurück. Welch trauriges Leben mußte meine Dolly doch bis zum 29. Juli 2004 führen!

Und wie zufrieden wird sie sich jetzt hier bei mir fühlen, denke ich, wo sie befreit ist von allen Qualen, Demütigungen und dem ständigen Kampf ums Überleben. Sie zeigt mir täglich, was ich für sie bin: Dankbarkeit und unendliche Liebe drückt ihr Verhalten aus.

Als ich Dolly im Juni 2004 auf den Tierschutzseiten im Internet entdeckte, mußte ich mit den Tränen kämpfen, so sehr überfiel mich das Gefühl der Hilflosigkeit bei ihrem Anblick. Sie lebte damals auf der Insel Chalkidiki, die zu Griechenland gehört, in einem privaten Tierheim, das von deutschen Einwohnern aus eigenen Mitteln unterhalten wird. Mit einem Foto wurde diese „Straßenhündin" vorgestellt, liebenswerte Eigenschaften wurden ihr bescheinigt. Ich kam nicht umhin, ihre Beschreibung täglich anzuklicken, wenn ich meinen Computer bei der Arbeit in Betrieb nahm.

„Liebenswertes Hundemädchen, sehr sensibel und total unkompliziert, sucht dringend eine Pflegestelle oder ein verständnisvolles Zuhause", so lauteten die Zeilen. Damals war sie knapp zwei Jahre alt und erst wenige Wochen in dem Tierheim in Sicherheit. Urlauber hatten sie zuvor im Stra-

Das Foto zeigt meine Hündin Dolly im Jahr 2011 in ihrem „Träumerbett".

ßengraben mit ihren vier kleinen Hundewelpen gefunden. Zwei davon waren bereits tot. So kam sie glücklicherweise mit ihren beiden überlebenden Babys in liebevolle Obhut. Offensichtlich hat ihr dieser Zufall das Leben gerettet. Aber sie war auch im Tierheim sehr zurückhaltend und somit meistens der Verlierer im Rudel. Darunter litt sie sehr, weshalb es ratsam war, sie so schnell wie möglich zu vermitteln.

Dolly ist ein Mischling aus Schäferhund und Husky, daher nicht gerade die Kleinste. Ich lebte aber nur in einer Mietwohnung, vor allem aber hatte ich seit ein paar Wochen gerade wieder eine Arbeit gefunden. Und doch, meiner Dolly war bereits auf ganz sanfte Weise unbemerkt die Eroberung meines Herzens gelungen. Ich wünschte so sehr, ihr einfach nur Gutes tun zu können. Nach vier Wochen stand sie noch immer zur Vermittlung, anscheinend wollte sie niemand haben. Dieses Hundemädchen wollte ich nun um jeden Preis bei mir aufnehmen!

Ich dachte einfach nicht weiter über das Wenn und Aber nach und rief die angegebene Telefonnummer von „Tierhilfe Griechenland e.V." an, der seinen Sitz in Deutschland hat. Nachdem der Verein mich bei einer Vorkontrolle wohl für würdig befunden hatte, wurde mir gesagt, es sei ungewiß, ob ich recht lange oder nur ganz kurz warten müsse, bis ich sie vom Flughafen Frankfurt abholen könne. Flugpaten würden sie mit nach Deutschland bringen, es hinge davon ab, wie schnell sich jemand bereit erkläre. Aber schon nach ungefähr zwei Wochen erhielt ich den langersehnten Anruf. Ein Glück, nicht nur für mich. Nun hatte das Warten endlich ein Ende!

Der 29. Juli 2004 war für Dollys Flug in eine „bessere Welt" vorgesehen. Meine Gedanken bringen mir diesen Tag immer und immer wieder ins Gedächtnis: Es ist ein Donnerstag, ich fahre mit meinen beiden Töchtern auf der Autobahn in Richtung Frankfurt. Wir sprechen viel über das bevorstehende Ereignis. Fluganfkunft und Terminal sind uns vom Tierschutz genau angegeben worden. Alles ist bis ins Detail genau vorbereitet. Wir stehen telefonisch in Kontakt mit der Vermittlerin aus Deutschland, bis das Tier an uns übergeben ist. Ich fühle mich, als bekäme ich mit meinen 49 Jahren noch mal ein Kind. Meine Gedanken sind unkontrolliert. Die Worte meiner Bekannten fallen mir ein: „Mensch, du hast ja Mut, kennst das Tier nicht, nur vom Bild. Meinst du denn, daß das gut geht?"

Ich bin mir aber so sicher wie noch nie in meinem Leben. Jetzt muß nur noch das Flugzeug mit den „Glückspilzen" landen. Wir sind rechtzeitig da und laufen etwas desorientiert durch die Flughafenhalle; essen etwas, kaufen eine Zeitschrift, gucken hier und da, beobachten die unterschiedlichsten Menschen, die aus verschiedenen Gründen eilen oder auch warten. Zu den Letzteren gehören auch meine Töchter und ich.

Endlich, endlich ist es 16.45 Uhr, aber leider wird die Maschine aus Thessaloniki mit dreißig Minuten Verspätung angezeigt. Wir können es kaum noch erwarten. Doch dann ist auch diese halbe Stunde vergangen. Durch die Pendeltür kommen Reisende mit ihren Gepäckwagen. Dann gähnende Leere, lange nichts. Die Tür geht auf und wieder zu. Aber da! Auf dem Transportband kommen langsam die ersehnten Tierboxen dem Ausgang entgegen. Wir können sie schon sehen. Nun nahen endlich die „Glücksbringer“, ohne die eine solche Rettung nicht möglich gewesen wäre. Menschen klatschen in die Hände, mir laufen Tränen der Rührung über die Wangen, und auf einmal sehen wir in traurige, scheue Hundegesichter und verstehen sofort ihre Sprache. Mehrere Menschen sind nun so glücklich, auch wir, denn sie haben durch ihre Hilfe etwa zehn Hunden eine neue Zukunft geschenkt. Und das macht unsagbar zufrieden!

Wir nehmen Dolly aus ihrer Box, sie sieht uns herzzerreißend an, und legen ihr das für sie mitgebrachte Halsband um. Sie geht langsam und bedächtig an unserer Seite. Ihren Blick werde ich nie vergessen: scheu, aber trotzdem voller bedingungslosem Vertrauen. Seitdem begleitet sie mich fast überall hin, sogar zur Arbeit durfte ich sie mitnehmen. Seit Sep-

Όνομα
Name Dolly
Ημερομηνία Γέννησης
Date of Birth 10. 7. 2002
Φύλο
Sex ♀ FEMALE
Ράτσα
Breed TEPPIE mischling
Χρώμα
Colour ΑΣΠΡΟ BRAUN Schwarz
Ιδιαίτερα χαρακτηριστικά
Distinguishing Marks
Ιδιοκτήτης
Owner Birgit Schaube
Rüdiger Schulz Friedrich

Dollys „Ticket in die Freiheit“, ihr Reisepaß bzw. ihr Impfausweis, ohne den eine ordnungsgemäße Ausreise aus Griechenland nicht möglich gewesen wäre.

tember 2009 ist sie auch eine treue Zuhörerin in unserer „literarischen Runde“. In Griechenland zählte sie zwar zu den Verlierern, aber mit dem Wunsch, sie bei mir zu haben, hatte sie das große Los gezogen.

Auf unserem heutigen Spaziergang rufe ich Dolly zu mir. Sie unterbricht ihr Spiel mit dem Stöckchen. Ich nehme sie liebevoll in den Arm, wir sind ein Herz und eine Seele. Ich drücke meine Dolly fest an mich, sie kennt diese Situation von mir zur Genüge. Ich möchte mich immer und immer wieder bei ihr bedanken, daß sie mein Leben täglich so sehr mit Freude erfüllt, ihm eine neue Sichtweise gegeben hat und in mir den Kampf gegen jegliche Tierquäler aufrechterhält.

Mit sehr viel Traurigkeit denke ich an die vielen anderen im Elend lebenden Tiere. Ich möchte viel öfter mehr gegen ihr Leid tun, aber meine Mittel sind bis auf kleine Spenden begrenzt. Gerade diese Tiere sind so dankbar, liebenswert und eine solche Bereicherung, die sich nicht in Worte fassen läßt.

Ich werfe das Stöckchen zum wiederholten Male, und Dolly bringt es mir immer wieder. Ihre Lebensfreude ist ihr anzumerken. Wir sind heute schon viele Kilometer gelaufen, halten am Schwanenteich an, beobachten alles, was sich bewegt. Auch ihr macht der schnelle Temperaturanstieg zu schaffen. Am nahegelegenen Eis-Café leisten wir uns ein Eis, dieses Ritual kennt sie, geduldig wartet sie auf ihre Waffel. Wir kommen nach Hause, die Wasserschüssel gehört natürlich ihr! Beide genießen wir unsere große Zufriedenheit. Es ist gegen elf Uhr. Der Tag hat für uns wunderschön begonnen, wir haben uns gegenseitig gut getan. Das macht mich außerordentlich glücklich! Danke Dolly, daß du mich auf so eine liebenswerte Weise aus dem Bett geworfen hast! Es war ein herrlicher Spaziergang mit dir! Und vor allem aber danke, daß es dich in meinem Leben gibt!

(Weitere **ZEITGUT**-*Beiträge der Autorin sind am Buchende vermerkt.)*

[Hannover, Niedersachsen;
2000]

Eva Korhammer

Genosse Katze

Mein Kater läßt sich kein X für ein U vormachen. Vielleicht liegt es an den Umständen, unter denen er ums Überleben kämpfen mußte, bevor wir ihn eines trüben Regensonntags im März in unserem Stadtwald fanden. Aber ich sollte wohl anders anfangen:

Wer erinnert sich noch an diese Katzenfutterwerbung, die schon vom Namen her Genüsse des Orients versprach?

Keine Sorge, ich will nicht Schleichwerbung betreiben! Außerdem benutzt diese Firma längst andere, trendgerechtere Aufhänger für ihre Werbespots. Aber jedes Kind weiß jetzt, welches Katzenfutter gemeint ist, und wer nicht aus unerfindlichen Gründen abschaltet, wenn Tiernahrungs-Werbung kommt, sieht die Szenerie vor sich: Eine deutlich gepflegte und geliebte Rassekatze wartet mit der ihr eigenen distanzierten Grazie darauf, daß ihr, auf edlem Porzellan serviert, der Inhalt einer kleinen Dose Katzenfutter gereicht und kurz vor dem Anrichten galant mit einem Blatt glatte Petersilie garniert wird. Fressen zur appetitlichen Zeremonie veredelt, das war doch was für Tierfreunde mit Ästhetikhintergrund!

Für Katzen offenbar auch. Denn wem wäre nicht auch diese andere Werbung noch recht präsent, in der ein zerstreutes Herrchen mit Dreitagebartcharme seine Katze mit einem überklebten Billigfutter-Label überlisten will?

Streit ums Futter? Diese beiden Kätzchen scheinen sich gut zu vertragen. Wenn es meinem Kater Karl zu einsam war, suchte er sich mit Vorliebe Freß- und Schlafgenossen.

Wir kicherten schadenfroh, wenn der Säumige dann doch lospreschen mußte, um für seinen edlen Stubentiger die einzig freßbare Marke zu beschaffen. „Katzen würden ... kaufen“, denn Katzen haben Stammbaum-Bewußtsein.

Mein Kater auch. Allerdings mehr in Richtung Wurzeln, und die sind meistens unten. Vielleicht weil wir den bunt gescheckten Findelkater KARL getauft haben. Eigentlich als Streichelobjekt für meinen kranken Vater, aber Marx hieß auch Karl, und dessen Ideen vom geteilten Gut schien unser Kater verinnerlicht zu haben, irgendwie. Nicht, daß Karl unser geordnetes mittelständisches Leben am Stadtsaum von Hannover abgelehnt hätte. Er unterwanderte es nur einfach ein wenig. Fand er zum Beispiel in seinem Freßnapf mehr als das gewohnte Quantum – Reste müssen ja manchmal weg –, ließ er es erst einmal stehen und streunte durch die Gegend, um am Ende mit einer Genossin oder einem Genossen – ein der Sinnenfreuden beraubter Kater macht da keine großen Unterschiede – zurückzukehren. Hin und wieder kostete seine Nächstenliebe ihn die ganze Portion, aber das war eben gelebter Kommunismus. Der trieb Karl übrigens auch dazu, an naßkalten Wintertagen seinen schönen, weichen Korb mit mehr oder weniger verpennten Artgenossen zu teilen. Sogar seine geliebte Kuscheldecke.

Mir ging sie ans Herz, seine Nähe zum Heiligen Martin, auch wenn meine Katzenfuttervorräte schmolzen.

An einem trüben Novemberabend um acht Uhr geschah es dann: Karl war im Begriff, mit zwei streunenden Jungkatzen, einer grauen und einer rötlichen, eine Kommune zu gründen – und ich hatte nichts mehr für sie im Haus! Da überlegst du nicht lange, ziehst dir was über und steuerst die nächste Tankstelle an! Und was führt die Tanke an Katzenfutter?

Natürlich nur das, was Katzen in einem so neonvergrellten Ambiente trösten konnte: Dingsda eben!

Ich rang mich zu zwei Großdosen durch, nahm mir vor, zum Ausgleich eine Woche lang Schlachtabfälle zu kochen, eilte zurück, zippte die erste Dose auf und wappnete mich gegen einen Überfall von drei Katzen. Die beiden Kommunarden steuerten auch sofort mein Mitbringsel an, aber Karl sprang mit seiner ganzen grau-weiß-kupfer-gescheckten Pracht dazwischen. Wie wild mit den Vorderpfoten fuchtelnd vertrieb er seine Kumpane Richtung Flur. Aus die Maus!

Gegen die Erkenntnis, daß nur Selberfressen fett macht, wäre auch Marx machtlos gewesen. Nur, daß Karl das Katzenfutter nicht anrührte!

Erst umrundete er die Dose wie ein Tiger seine Beute, dann beförderte er sie mit ärgerlichen Bewegungen unter einen massiven Schrank in die hinterste Ecke. Auch die Graue und die Rote, die sich wieder angeschlichen hatten, mußten kapitulieren. Sie fingen an zu jammern.

Ein Stückchen Heiliger Martin schien noch in Karl zu schlummern, denn beim dritten grauen und fünften roten

Klagelaut stolzierte er plötzlich den Beiden voran Richtung Speisekammer, stupste die Tür auf und wies mit seiner Nase auf eine Packung Katzenfutter, die ich offenbar übersehen hatte. Marke Namenlos.

Während ich den Inhalt möglichst gerecht auf drei Untertassen verteilte, nahm ich mir vor, ein Script für alternatives Katzenfutter zu verfassen. Achten Sie mal auf die nächsten Werbespots!

Und schon fallen mir weitere Katzengeschichten ein ... Zeichnung: Eva Korhammer.

(Weitere **ZEITGUT**-*Beiträge dieser Autorin sind im Autorenverzeichnis am Ende des Buches vermerkt.)*

		Erscheinungsjahr
Band 1	Gebrannte Kinder, Kindheit 1939-1945	1998
Band 2	Nachkriegs-Kinder, Kindheit 1945-1950	1998
Band 3	Stöckchen-Hiebe, Kindheit 1914-1933	1998
Band 4	Pimpfe, Mädels & andere Kinder, Kindheit 1933-1939	1998
Band 5	Wir wollten leben, Jugend 1939-1945	1998
Band 6	Schlüssel-Kinder, Kindheit 1950-1960	1999
Band 7	Gebrannte Kinder. Zweiter Teil, Kindheit 1939-1945	1999
Band 8	Und weiter geht es doch, 1945-1950	1999
Band 9	Täglich Krieg, Deutschland 1939-1945	2000
Band 10	Hungern und hoffen, Jugend 1945-1950	2000
Band 11	Von hier nach drüben, Grenzgänge, Fluchten 1945-'61	2001
Band 12	Wir sollten Helden sein, Jugend 1939-1945	2001
Band 13	Heil Hitler, Herr Lehrer! Kindheit 1933-1939	2000
Band 14	Lebertran und Chewing Gum, Kindheit 1945-1950	2000
Band 15	Zwischen Kaiser und Hitler, Kindheit 1914-1933	2002
Band 16	Getäuscht und verraten, Jugend 1933-1939	2002
Band 17	Halbstark und tüchtig, Jugend 1950-1960	2002
Band 18	Deutschland – Wunderland, 1950-1960	2003
Band 19	Mauer-Passagen, Grenzgänge, Fluchten 1961-1989	2004
Band 20	Der Traum ist aus, Jugend 1944-1945	2005
Band 21	Also packten wir es an, Deutschland 1945-1947	2006
Band 22	Morgen wird alles besser, Deutschland 1947-1952	2008
Band 23	Schicksalstage 1945, Kriegsende in Deutschland	2010
Band 24	Schwarz über die grüne Grenze, 1945-1961	2011
Band 25	Mauerzeit, 1961-1989	2011
Band 26	Frauen an der Heimatfront, 1939-1945	2012

Kleine Taschenbücher

Kinder des Jahrhunderts (Taschenbuch zum Kennenlernen)	2004
Unvergessene Weihnachten, Bd.1, 2, 3, 4, 5, 6 und 7	2004-2011
Unvergessene Schulzeit, 1921-1945. Bd.1	2005
Unvergessene Schulzeit, 1945-1962. Bd. 2	2005
Unvergessene Schulzeit, 1914-1945. Bd. 3	2007
Unvergessene Ferienzeit, 1923-1962. Bd.1	2005
Wo morgens der Hahn kräht, 1912-1945. Bd. 1	2006
Wo morgens der Hahn kräht, 1945-1968. Bd. 2	2006
Gegessen wird immer, 1916-1975. Bd. 1 (Originalausgabe)	2009

Weitere Informationen unter **www.zeitgut.de**

Verfasser *Seiten*

Absolon, Wolfgang *S. 126*
geb. 1950 in Leer, Ostfriesland,
lebt in Kaltenkirchen, Schleswig Holstein.
Beruf/Tätigkeiten: Prokurist.
Bisherige Zeitgut-Veröffentlichungen: Beitrag in ZEITGUT Band 26.

Bilger, Alfred *S. 16*
geb. 1921 in Stockhausen-Illfurth, Westerwaldkreis,
lebt in Dillenburg, Hessen.
Beruf/Tätigkeiten: Konrektor, im Ruhestand.

Böhme, Bärbel, geb. Eppers *S. 69, 139*
geb. 1937 in Grünberg, Schlesien, lebt in Leipzig, Sachsen.
Beruf/Tätigkeiten: Dipl.-Landwirtin, im Ruhestand.
Bisherige Zeitgut-Veröffentlichungen: Beiträge in ZEITGUT Band 2, 6, 17, 18, in „Unvergessene Weihnachten. Band 2" und „Wo morgens der Hahn kräht. Band 1 und Band 2".

Bremer, Marietta, geb. Prekel *S. 141, 145*
geb. 1965 in Bassum, lebt in Bassum, Niedersachsen.
Beruf/Tätigkeiten: Hauswirtschafterin.

Danner, Walter *S. 74, 79*
geb. 1941 in Contwig, Pfalz, lebt in Zweibrücken, Rheinland-Pfalz.
Beruf/Tätigkeiten: Studiendirektor, im Ruhestand.

Aus Platzmangel verzichten wir in den folgenden Autorenangaben auf die vollständigen Buchtitel der Reihe ZEITGUT.

Bisherige Zeitgut-Veröffentlichungen: Beiträge in „Unvergessene Weihnachten. Band 7".

Döpping, Hans *S. 19, 36*
geb. 1924 in Bischleben, Thüringen, lebt in Freiensteinau, Hessen.
Beruf/Tätigkeiten: Lehrer, im Ruhestand.
Bisherige Zeitgut-Veröffentlichungen: Beiträge in ZEITGUT Band 4, 8, 22, in „Unvergessene Schulzeit. Band 3", „Unvergessene Weihnachten. Band 4 und 6" und „Hoch auf dem Erntewagen".

Heim, Burkhard *S. 66*
geb. 1938 in Bad Marienberg, Westerwald, verstorben 2005,
lebte zuletzt in Eschenburg-Wissenbach, Hessen.
Beruf/Tätigkeiten: Pfarrer.
Bisherige Zeitgut-Veröffentlichungen: Beitrag in ZEITGUT Band 23.

Hochstrate, Doris, geb. Witzmann *S. 109, 112*
geb. 1951 in Römhild, lebt in Haina, Thüringen.
Beruf/Tätigkeiten: Lehrerin, im Ruhestand.

Hünichen, Liesel, geb. Freisenhausen *S. 100*
geb. 1919 in Münster, lebt in Norderstedt, Schleswig Holstein.
Beruf/Tätigkeiten: Sozialarbeiterin; Hausfrau; ehrenamtl. Tätigkeiten als Abgeordnete, Schöffin, Mitarbeit in Vereinen und Verbänden; Seniorenbeirat.
Bisherige Zeitgut-Veröffentlichungen: Beiträge in ZEITGUT Band 4, 11, 15, 16, 21, 22, 23, 26 und in „Unvergessene Weihnachten. Band 2, 3, 4, 6", „Als wir Frauen stark sein mußten", „Gegessen wird immer", „Damals bei Oma und Opa" und „Hoch auf dem Erntewagen".

Kitsche, Karin, geb. Beer *S. 166*
geb. 1952 in Lucka, Thüringen,
lebt in Vöhringen, Baden-Württemberg.
Beruf/Tätigkeiten: Industriekauffrau.

Klawunn, Ilona, geb. Jerneintzig *S. 149*
geb. 1958 in Gelsenkirchen-Buer, lebt in Gelsenkirchen-Buer, Nordrhein-Westfalen. Beruf/Tätigkeiten: Kosmetikerin.

Korhammer, Eva, geb. Meltzer *S. 178*
geb. 1932 in Frankfurt am Main, lebt in Hannover, Niedersachsen. Beruf/Tätigkeiten: Verlagsbuchhändlerin; aktiv als Lektorin, Übersetzerin, Autorin. Bisherige Zeitgut-Veröffentlichungen: Beiträge in ZEITGUT Band 2 und in „Unvergessene Weihnachten. Band 7".

Krah, Margret, geb. Griese *S. 96*
geb. 1944 in Lenzinghausen (jetzt Spenge), lebt in 32139 Spenge, Nordrhein-Westfalen.
Beruf/Tätigkeiten: Realschullehrerin im Ruhestand.
Bisherige Veröffentlichungen: Beiträge in Zeitgut-Auswahlband „Barfuß übers Stoppelfeld" und in „Unvergessene Weihnachten. Band 6 und 7".

Krause-Brewer, Fides, geb. Hofer *S. 22*
geb. 1919 in München, lebt in Bonn, Nordrhein-Westfalen.
Beruf/Tätigkeiten: seit 1950 Mitarbeiterin bei verschiedenen Rundfunkanstalten, ab 1962 Korrespondentin für Wirtschafts- und Sozialpolitik im ZDF-Studio Bonn, ab 1986 Freie Journalistin.
Bisherige Zeitgut-Veröffentlichungen: Beiträge in „Mein Bonn. Zeitzeugen-Erinnerungen aus Bonn und Umgebung 1914-1998", Hg. Dorothea F. Voigtländer, Zeitgut Verlag 2006; in ZEITGUT Band 23 „Schicksalstage 1945" und in „Unvergessene Weihnachten. Band 4".

Küfner, Gisela, geb. Görlich *S. 32*
geb. 1959 in Pirmasens, lebt in Hausen, Bayern.
Beruf/Tätigkeiten: Lerntherapeutin.

Marx, Hildegard, geb. Fuhrmann *S. 44*
geb. 1931 in Saarbrücken, verstorben 2010,
lebte in Saarbrücken-Bischmisheim, Saarland.
Beruf/Tätigkeiten: Druckereimitarbeiterin, Hausfrau.

Naylor, geb. Jancke, Florentine *S. 85, 90*
geb. 1922 in Grünberg, Schlesien,
lebt in Techau, Schleswig-Holstein.
Beruf/Tätigkeiten: Hausfrau, Übersetzerin (Dolmetscherin).
Bisherige Zeitgut-Veröffentlichungen: „Späte Früchte für die Seele. Gedanken, die das Alter erquicken", Zeitgut Verlag, Berlin, 2010; Beiträge in

„Momente des Erinnerns. Band 3. Vorlesebücher für die Altenpflege, Zeitgut Verlag 2011, und in „Unvergessene Weihnachten. Band 7".

Pioch, Anneliese, geb. Kaltenböck *S. 120, 158, 161*
geb. 1952 in Klam/Grein, Österreich, lebt in Berlin.
Beruf/Tätigkeiten: Biologin.

Popp, Anneliese, geb. Bauer *S. 104*
geb. 1947 in Öhringen, lebt in Heilbronn, Baden-Württemberg.
Beruf/Tätigkeiten: Kauffrau, Psych.-Techn.-Assistentin.
Bisherige Zeitgut-Veröffentlichungen: Beitrag in ZEITGUT Band 6.

Radusch, Dolly, geb. Fischer *S. 154*
geb. 1933 in Berlin, lebt in Berlin.
Beruf/Tätigkeiten: seit 1955 Lehrerin, später Schulleiterin an Berliner Grundschulen, seit 1994 im Ruhestand.
Bisherige Zeitgut-Veröffentlichungen: Beitrag in „Unvergessene Weihnachten. Band 3".

Rechter, Gunda. geb. Heller *S. 71*
geb. 1935 in Rothenburg ob der Tauber, lebt in Bad Windsheim, Bayern.
Beruf/Tätigkeiten: Schulsekretärin, im Ruhestand.
Bisherige Zeitgut-Veröffentlichungen: Beiträge in ZEITGUT Band 23, in „Gegessen wird immer" und „Unvergessene Weihnachten. Band 7".

Reinboth, Elsbeth *S. 56*
geb. 1910 in Berlin, verstorben 2007, lebte in Berlin.
Beruf/Tätigkeiten: Hausfrau.

Schaube, Birgit geb. Seeligmann *S. 172*
geb. 1954 in Mühlhausen, lebt in Mühlhausen, Thüringen.
Beruf/Tätigkeiten: Wirtschaftskauffrau.
Bisherige Zeitgut-Veröffentlichungen: Beiträge in „Unvergessene Weihnachten. Band 3, 5 und 7".

Schmidt, Günter *S. 115*
geb. 1927 in Leipzig, lebt in Markranstädt, OT Döhlen, Sachsen.
Beruf/Tätigkeiten: Agraringenieur, im Ruhestand.

Schnüttgen, Bernadette, geb. Eiteneuer *S. 11*
geb. 1927 in Alzen bei Morsbach, Oberbergischer Kreis,
lebt in Troisdorf, Nordrhein-Westfalen.
Beruf/Tätigkeiten: Hausfrau.
Bisherige Zeitgut-Veröffentlichungen: Beiträge in ZEITGUT Band 5, 12, 13, 17, „Unvergessene Weihnachten. Band 2 und Band 6“, in „Barfuß übers Stoppelfeld“, „Gegessen wird immer“, „Damals bei Oma und Opa“ und „Hoch auf dem Erntewagen“.

Schütte, Heidi, geb. Sievers *S. 50*
geb. 1932 in Göttingen,
lebt in Neustadt/Weinstraße, Rheinland-Pfalz.
Beruf/Tätigkeiten: Hausfrau.

Sommer, Karl-Heinz *S. 40, 133*
geb. 1926 in Frankfurt/Oder,
lebt in Stuttgart, Baden-Württemberg.
Beruf/Tätigkeiten: Import-/Exportkaufmann, Import und Großhandel, im Ruhestand.
Bisherige Zeitgut-Veröffentlichungen: Beiträge in ZEITGUT Band 9, 22 und in „Unvergessene Weihnachten. Band 4 und 5“.

Steudel, Evelyn, geb. Zobel *S. 60*
geb. 1934 in Berlin, lebt in Hitzacker, Niedersachsen.
Beruf/Tätigkeiten: Sonderschullehrerin, im Ruhestand.
Bisherige ZEITGUT-Veröffentlichungen: Beiträge in ZEITGUT Band 1, 2, 7, 14, 18, 19 und „Wo morgens der Hahn kräht. Band 1 und Band 2“

Unterstein, Helena, geb. Schymiczek *S. 107*
geb. 1917 in Breslau, Schlesien
lebt in Claustal-Zellerfeld, Niedersachsen.
Beruf/Tätigkeiten: Kaufmännische Angestellte, im Ruhestand.

Wehner, Ingrid, geb. Gutjahr *S. 64*
geb. 1939 in Leipzig, lebt in Premnitz, Brandenburg.
Beruf/Tätigkeiten: Schriftsetzerin, Korrektorin, im Ruhestand.
Bisherige Zeitgut-Veröffentlichungen: Beitrag in ZEITGUT Band 25.

Wo morgens der Hahn kräht.
Unvergessene Dorfgeschichten.
Band 1 und 2 | 1912–1968
Zeitzeugen-Erinnerungen, Auswahlband
384 Seiten mit vielen Abbildungen,
Ortsregister, Chronologie, Klappenbroschur.
ISBN 978-3-86614-214-5, EUR 12,90

Barfuß übers Stoppelfeld.
Unvergessene Dorfgeschichten.
Band 3 und 4 | 1918–1968
Zeitzeugen-Erinnerungen, Auswahlband
384 Seiten mit vielen Abbildungen,
Ortsregister, Chronologie, gebunden.
ISBN 978-3-86614-148-3, EUR 12,90

Hoch auf dem Erntewagen.
Unvergessene Dorfgeschichten
Band 5 | 1918–1989
Zeitzeugen-Erinnerungen
256 Seiten mit vielen Abbildungen,
Ortsregister, Chronologie, gebunden.
ISBN 978-3-86614-153-7, EUR 11,90

Damals bei Oma und Opa.
30 Zeitzeugen erinnern sich an ihre Großeltern
192 Seiten mit vielen Abbildungen,
Ortsregister, gebundene Geschenkausgabe
ISBN 978-3-86614-179-7, EUR 8,95

Aus dem Programm. Alle Bücher finden Sie unter **www.zeitgut.de**

Unvergessene Weihnachten.
Doppelband 1
(Band 1 und 3 in einem Buch)
72 Geschichten und Berichte von Zeitzeugen
352 Seiten mit vielen Abbildungen,
Ortsregister, gebunden mit Lesebändchen
ISBN 978-3-86614-149-0, EUR 12,90

Unvergessene Weihnachten.
Doppelband 2
(Band 2 und 4 in einem Buch)
59 Geschichten und Berichte von Zeitzeugen
384 Seiten mit vielen Abbildungen,
Ortsregister, gebunden mit Lesebändchen
Originalausgabe
ISBN 978-3-86614-164-3, EUR 12,90

Unvergessene Weihnachten.
Doppelband 3
(Band 5 und 6 in einem Buch)
77 Geschichten und Berichte von Zeitzeugen
384 Seiten mit vielen Abbildungen,
Ortsregister, gebunden mit Lesebändchen
ISBN 978-3-86614-204-6, EUR 12,90

Unvergessene Weihnachten. Band 7
32 besinnliche und heitere Zeitzeugen-Erinnerungen
192 Seiten mit vielen Abbildungen,
Ortsregister, gebunden
ISBN 978-3-86614-203-9 EUR 7,90
Taschenbuch-Ausgabe
ISBN 978-3-86614-183-4, Euro 5,90

Aus dem Programm. Alle Bücher finden Sie unter **www.zeitgut.de**

Reihe ZEITGUT – Reisen in die Vergangenheit

Vor*Lesebücher* für die Altenpflege

Ausgewählte positive Zeitzeugen-Erinnerungen führen die Gedanken von älteren, pflegebedürftigen Menschen zurück in ihre eigene Kindheit und Jugendzeit. Daraus können gute Gespräche mit ihren Betreuern und Familienmitgliedern entstehen.

Momente des Erinnerns
Band 1 | ISBN 978-3-86614-177-3

Momente des Erinnerns
Band 2 | ISBN 978-3-86614-178-0

Momente des Erinnerns
Band 3 | ISBN 978-3-86614-185-8

Momente des Erinnerns
Band 4 | ISBN 978-3-86614-186-4

Jeder Band 128 Seiten, Fadenheftung, stabiler Umschlag, größere Schrift, Abbildungen, Raum für Notizen, Lesebändchen, je 12,90 Euro.

Aus dem Programm. Alle Bücher finden Sie unter **www.zeitgut.de**